名人传

詹天佑
铁路巨擘

陈佩萱 著　　李诗鹏 绘

人民文学出版社
PEOPLE'S LITERATURE PUBLISHING HOUSE

著作权合同登记:图字 01-2022-5204 号

© 三民书局股份有限公司
本著作中文简体字版由三民书局股份有限公司授权上海九久读书人文化实业有限公司与人民文学出版社在中国大陆(台湾、香港、澳门地区除外)独家出版。

图书在版编目(CIP)数据

詹天佑:铁路巨擘/陈佩萱著;李诗鹏绘. —北京:人民文学出版社,2019(2024.11 重印)
(名人传)
ISBN 978-7-02-014982-7

Ⅰ.①詹… Ⅱ.①陈… ②李… Ⅲ.①詹天佑(1861—1919)-传记 Ⅳ.①K826.16

中国版本图书馆 CIP 数据核字(2019)第 010578 号

责任编辑　朱卫净　杨　芹
装帧设计　汪佳诗

出版发行　人民文学出版社
社　　址　北京市朝内大街 166 号
邮政编码　100705

印　　制　山东新华印务有限公司
经　　销　全国新华书店等

字　　数　68 千字
开　　本　890 毫米×1240 毫米　1/32
印　　张　4.375
版　　次　2019 年 4 月北京第 1 版
印　　次　2024 年 11 月第 3 次印刷

书　　号　978-7-02-014982-7
定　　价　35.00 元

如有印装质量问题,请与本社图书销售中心调换。电话:010-65233595

序

不论世界如何演变，科技如何发达，但凡养成了阅读习惯，这将是一生中享用不尽的财富。

三民书局的刘振强董事长，想必也是一位深信读书是人生最大财富的人，在读书人数往下滑落的多元化时代，他仍然坚信读书的重要性。刘董事长也时常感念，在他困苦贫穷的青少年时期，是书使他坚强向上；在社会普遍困苦、生活简陋的年代，也是书成了他最好的良伴。他希望在他的有生之年，分享这份资产，让其他读者可以充分使用。

"名人传"系列规划出版有关文学、艺术、人文、政治与科学等各行各业有贡献的人物故事，邀请各领域专业的学者、作家同心协力编写，费时多年，分梯次出版。在越来越多元化的世界中，每个人都有各自的才华与潜力，每个朝代也都有其可歌可泣的故事，但是在故事背后所具有的一个共同点，就是每个传记主人公在困苦中不屈不挠的经历，这些经历经由各位作者用心查阅有关资料，再三推敲求证，再以文学之笔，写出了有趣而感人的故事。

西谚有云：世界因有各式各样不同的人，才更加多彩多姿。这套书就是以"人"的故事为主旨，不刻意美化主人公，以他们的生活经历为主轴，深入描写他们成长的环境、家庭教育与童年生活，深入探索是什么因素造成了他们的与众不同，是什么力量驱动了他们锲而不舍地前行。以日常生活中的小故事来描写出这些人为什么能使梦想成真，尤其在阅读这些作品时，能于心领神会中得到灵感。

和一般从外文翻译出来的伟人传记所不同的是，此套书的特色是由熟悉文学的作者用心收集资料，将知识融入有趣的故事，并以文学之笔，深入浅出写出适合大多数人阅读的人物传记。在探讨每位人物的内在心理因素之余，也希望读者从阅读中激励出个人内在的潜力和梦想。我相信每个人都会发呆做梦，当你发呆和做梦的同时，书是你最私密的好友。在阅读中，没有批判和讥讽，却可随书中的主人公海阔天空一起遨游，或狂想或计划，而成为心灵

知交。不仅留下从阅读中得到的神交良伴（一个回忆），如果能家人共读，读后一起讨论，绵绵相传，留下共同回忆，何尝不是一派幸福的场景！

  谨以此套"名人传"丛书送给所有爱读书的人。你们都是世界上最幸福的人，因为一直有书为伴，与爱同行。

目　录

1. 出生于家道中落时 …………… 1
2. 讨人喜欢的小可爱 …………… 8
3. 迷上《天工开物》 …………… 14
4. 小小技艺家 …………………… 22
5. 考取美国留学 ………………… 29
6. 中国留学先驱——容闳 ……… 41
7. 成了"外国人" ………………… 51
8. "中国女孩子" ………………… 59
9. 进耶鲁大学 …………………… 66
10. 匆促回国 ……………………… 72
11. 所用非所学 …………………… 78
12. 有情人成眷属 ………………… 87
13. 崭露头角——滦河铁桥 ……… 94
14. 独挑大梁——新易铁路 ……… 104
15. 主持京张铁路 ………………… 109
16. 完成不可能的任务 …………… 117
　　詹天佑小档案 ………………… 130

名人传

詹天佑

1861—1919

1. 出生于家道中落时

又到了年底，詹兴洪对着今年茶叶生意的账本唉声叹气。生意一年不如一年，让他的心里郁闷极了。

正在为丈夫缝制冬衣的陈氏，听到叹气声，抬起头关心地问："怎么了？"

詹兴洪不愿将这种烦心事跟妻子说，便回避道："没什么。"

"哦？"聪慧的陈氏瞥了眼丈夫桌上的账本，心里有些明白了，但她并不点破，只是淡淡地说："没什么就好，就算今年茶庄的收入不好也没关系，只要明年多做点生意就可以补回来。"

詹兴洪一听，知道妻子已猜中实情，便不再隐瞒，说："我打算把茶庄关起来，结束营业。"

"为什么？"陈氏有些诧异。

她当然知道茶庄这几年处于亏本状态，可是茶庄是祖传的家业，岂能说关就关，这可是会落得"败家子"的恶名啊！因为詹家的茶庄已历经三代，是由詹兴洪的祖父所创，詹兴洪的父亲将它发扬光大，直到最近几年才传给詹兴洪的。

詹兴洪的祖父詹文贤①是乾隆时代的太学生，不但很有学问，也很擅长经商。头脑灵活的他见许多外地人到他的家乡安徽婺源县买茶叶，便觉得做茶叶生意似乎不错，于是开起茶庄来，将茶叶运到广东贩卖。为人诚实机警的他，很快就建立起不错的商誉，为詹家茶庄打下很好的基础。

而詹兴洪的父亲詹世鸾，不但人长得英俊潇洒，头脑更是聪明。他年纪轻轻就开始在茶庄里帮忙，所以一继承家业，就非常得心应手。

有丰富经商经验的他，一得知广东跟海外要开始通商，便觉得茶叶贸易必会有更大的商机，于是为了占据天

---

① 詹兴洪的祖父詹万榜，字文贤。

时地利，他毅然决定把家和茶庄从安徽搬到广州城去，结果生意越做越大。

赚了钱的詹世鸾非常慷慨，除了拿出一大笔钱来兴建文社和购置祭拜詹家祖先的"祠田"外，他还办了一座学塾，聘请了有学问的秀才张老先生，教导詹兴洪和邻里的孩子，造福地方。

除此之外，詹世鸾还出钱出力，带头组织了"安徽会馆"，让到广州城打拼的安徽同乡有个互相联系感情和求取帮助的地方。他还被同乡们推为"安徽会馆"的会长。

就这样，詹世鸾的声望一天高过一天，他过世时，丧礼办得非常隆重，不仅是广州城里的安徽同乡，连乡里有名望的人也都来吊祭。

可是，自从詹兴洪继承父业以来，不但无法将茶庄生意发扬光大，甚至连守成都很难做到。一方面是因为他的个性内向，有书呆子气，不适合做生意，另一方面也因为整个大环境不好。当时内有太平天国运动[①]，外有英国、

[①] 太平天国运动：由洪秀全等人在广西金田发起的反抗清政府的武装起义。

俄国、法国等列强入侵①，国家战火不断，局势不稳，茶庄的生意因此深受影响，近几年更是连连亏本。

见丈夫沉默不语，陈氏再次追问："你为什么想关掉茶庄呢？"

现在一家人的生计都靠茶庄的收入来维持，若是关了，他们要靠什么维生呢？

"现在，茶叶越来越难销售到海外，而茶庄的开销却仍然那么大，每年老是这么亏本也不是办法。因此，我想把这里的茶庄关起来，到乡下去开一家小商店，重新做起小本的茶叶生意。"

既然丈夫已思虑周全，陈氏便立刻说："这主意挺不错，我们就这么办吧！"

詹兴洪很高兴自己的主张得到妻子的支持，但他还有一件更在意的事要问："你是要留在广州城，还是……"

"当然是跟你搬到乡下呀！"

---

① 列强入侵：自从道光二十一年（1841年）中英鸦片战争清廷被打败后，列强便开始打中国的主意，有的从海上来，像英、法；有的从陆上来，像俄国。清朝的大片领土就这样给蹂躏得面目全非，老百姓更是生活困顿。

"可是那儿没有这里热闹,生活环境也没有这里好,交通更是……"

"嫁鸡随鸡,嫁狗随狗!你到哪儿,我就跟到哪儿。"陈氏坚定地说。

听了妻子的话,詹兴洪安心地笑了。他本来还担心住惯了热闹的广州城的妻子,会不愿意搬到偏僻的乡下去。

有了妻子的支持,詹兴洪很快就处理好了广州城的事务,把行李搬到乡下去了。可能是乡下的空气新鲜,生活压力也减小了的缘故,才搬去半年多,陈氏就怀孕了。

怀孕后的陈氏摸着越来越大的肚子,心里常默默祈祷说:"但愿老天保佑,让我生个儿子,好接续詹家的香火。"

十月怀胎后,就在清咸丰十一年(1861)三月十七日这一天,陈氏真的如愿以偿,生了个活泼可爱的胖儿子。

刚生产完,陈氏虚弱地躺在床上,望着儿子开心得流下了眼泪,说:"詹家有后了!老天保佑啊!"

抱着身体健壮、哭声洪亮的儿子,詹兴洪开心得合不

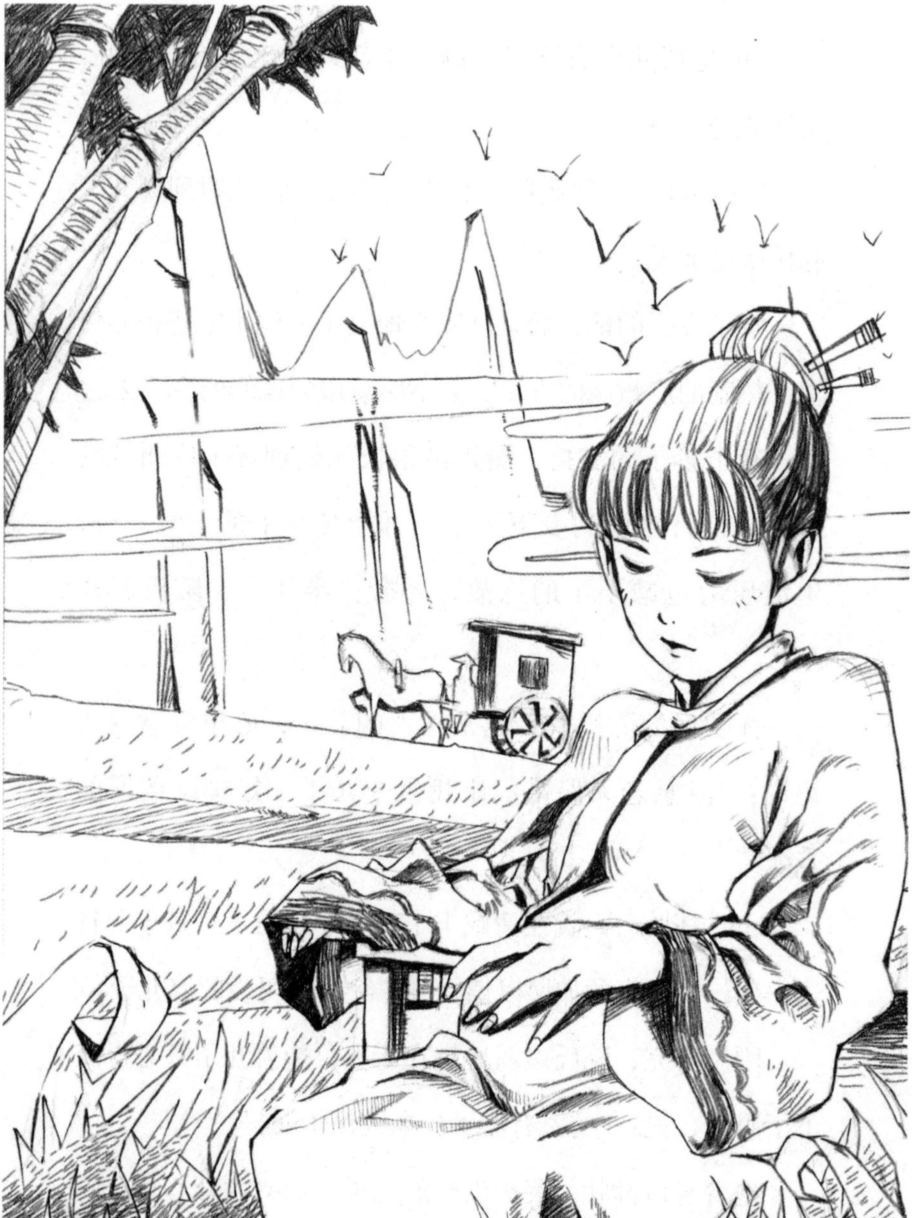

拢嘴。他听见了妻子的话,灵机一动说:"咱们的儿子就取名为'天佑'吧。"

"为什么?"陈氏不解地问。

"老天保佑啊!"

恍然大悟的陈氏开心地说:"'天佑'……这的确是个好名字。"

2. 讨人喜欢的小可爱

　　转眼间，詹天佑有一岁多了。

　　一日傍晚，他在自家的前院玩，稚气的脸庞上骨碌碌地转着一双大眼睛，他在四处找寻新奇好玩的东西呢。就算是一片枯叶、一朵野花、一只蝴蝶，哪怕是一坨鸡屎，在他眼中都是新奇好玩的玩具。

　　当他看到父亲走进家门，脸上立刻绽放出阳光般灿烂甜美的笑容，因为那可是他最大、最棒的玩具。只见他迈着粗壮的小短腿朝着父亲急奔而去，嘴里开心地叫嚷着："爹，抱抱！爹，抱抱！"

　　此刻，就算有再多烦人的杂事，詹兴洪的心也融化在儿子灿烂的笑容、热情的叫唤中了。他满心喜悦地抱住急奔而来的宝贝儿子，嗅着他身上特有的婴儿乳香，随口问："天佑，今天乖不乖啊？"

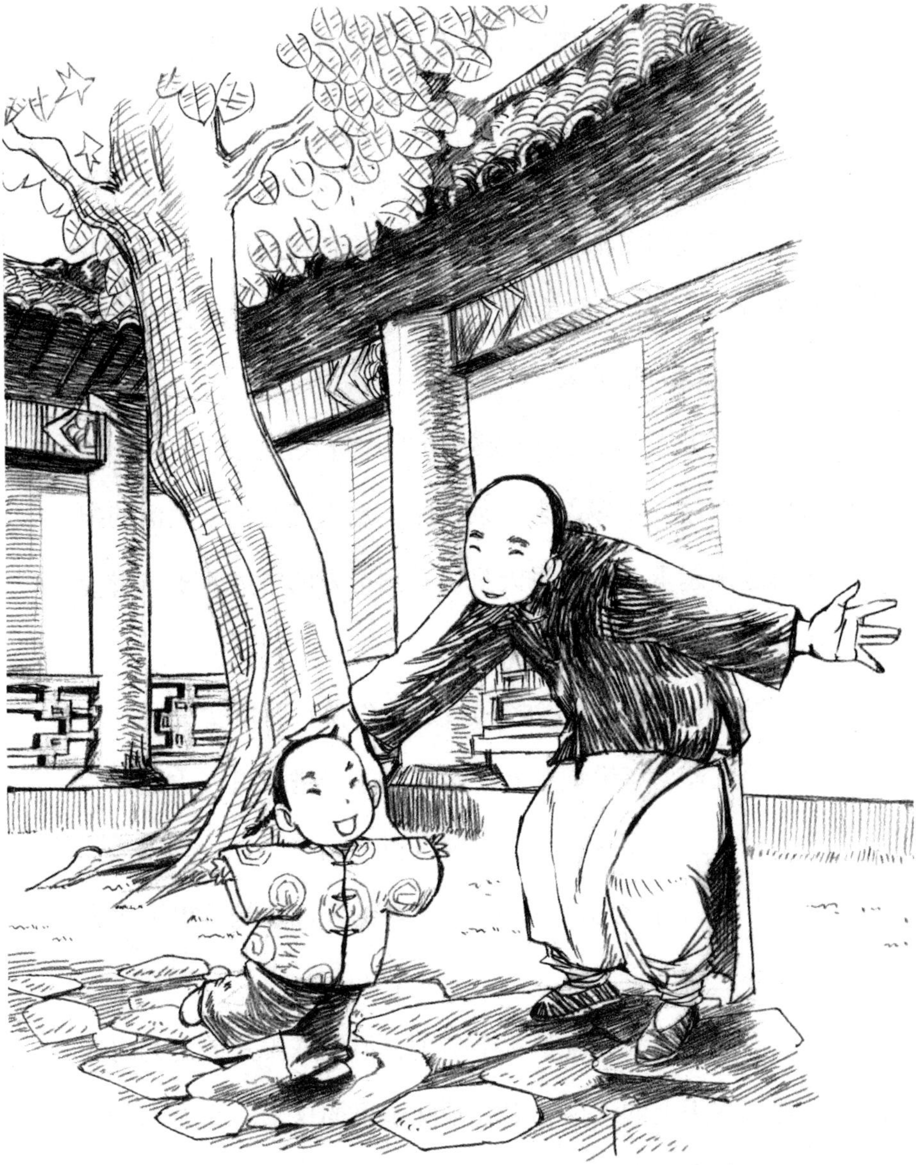

"乖！"詹天佑用胖胖的胳膊紧搂着父亲的脖子，一脸认真地回答。

小天佑真是活泼可爱，不但深获父母的疼爱，连街坊邻居、亲戚朋友都很喜欢他，常常逗他玩。朋友们甚至开玩笑地说："你们詹家啊，一定是祖上积德，才会生出这么漂亮出色的儿子来。"

宝贝儿子能得到众人的喜爱，詹兴洪夫妇也满心欢喜。虽然这一年多以来，茶行的生意未见起色，生活的担子也越来越重，可是每天只要看到可爱的宝贝儿子，夫妻俩便能忘了生活上的不如意。

"回来啦！洗个手准备吃饭吧！"陈氏招呼丈夫说。

"嗯，"詹兴洪抱起儿子跟着妻子走进屋里，边走边假装不经意地问，"孩子今天没有折腾你吧？"

"没有，他今天乖多了。"聪慧的陈氏还是听出了丈夫的关怀之情。

虽然丈夫没有说是哪个孩子，但是陈氏知道丈夫问的不是抱在手上的天佑，而是她肚子里的这个。因为她再次怀孕后常常害喜，弄得丈夫也紧张得不行。

幼小的詹天佑只听懂"乖"这个字，便以为娘是在说自己，立刻抢着说："天佑乖乖！"

"是啊！咱们天佑最乖、最听话了，是爹娘的心肝宝贝！"

听到娘的赞美，詹天佑开心地笑了；儿子笑了，做爹娘的当然也跟着笑了。一家人就这么开开心心地进了屋。

当全家人坐下用餐时，詹兴洪才接着说："你肚子里的这个八成还是个胖小子，才会那么活泼好动。"

陈氏一边喂天佑吃饭一边说："是儿子好啊！可以让咱们詹家人丁兴旺。"

詹兴洪停下筷子欲言又止地说："嗯……我想……"

陈氏正在帮儿子擦沾了汤汁的嘴巴，抬眼看了看吞吞吐吐的丈夫，温柔地说："这里没有外人，想说什么就尽管说，不用顾忌那么多。"

詹兴洪深吸一口气后，才开口说："我真不是做生意的料，所以不论搬到哪儿，生意还是做不好，害你和天佑跟着我过苦日子……"

陈氏连忙打断丈夫的话："一家人能平平安安地在一

起就是福了，怎么说是苦日子呢？"

詹兴洪知道妻子体贴他，可是现实摆在眼前，他不能不考量："现在，家里的人口越来越多了，花费也会越来越大，再这么下去，总是不行。因此，我打算……"

"你打算怎样呢？"陈氏望着丈夫认真地问。

"我打算买块田地，从事农耕，这样起码还可以自耕自足。农闲时，我还可以替人写写书信和刻印章，好增加些收入。"

陈氏听了赞同地说："这真是个好主意！"

"可是要存钱买地，日子会过得更辛苦。"

"只要熬过这阵子，等买了地不就有好日子过了。"

被妻子的乐观天性所感染，詹兴洪也信心满满地说："嗯，我一定会让你和孩子们有好日子过。"

虽然接下来他们的日子过得更清苦拮据，但在陈氏的精心维持下，家里人倒也不缺衣食。当第二个孩子出生没多久，他们也攒够了钱，便买了一块薄田从事农耕。

在耕种之余，詹兴洪常常教儿子识字。见儿子每个字约教个两三遍，就差不多都记住了，不禁开心地对妻子说:"咱们天佑识字可真快,真是个神童。"

"那是因为他有你这个好老师啊!"

被妻子一夸,脸皮薄的詹兴洪立刻红了脸,不过他更有为人父母的得意与骄傲:"咱们天佑年纪这么小,就这么会念书,以后参加科举考试①中个进士绝对没问题……咱们詹家有指望了。"

望着认真识字的大儿子,陈氏露出了欣慰的笑容,然后低头对着襁褓中的小儿子温柔地说:"等天佐长大了,也要跟哥哥一样厉害喔!"

---

① 科举考试:古代选拔官吏的考试制度。

3. 迷上《天工开物》

在父亲詹兴洪几年来的教导下，詹天佑已学会了好几百个字。但詹兴洪觉得只靠他闲暇时的教导，很难让詹天佑有系统地学习四书五经，那日后如何去参加科举考试，谋取功名光耀门楣呢？因此，当詹天佑七岁时，虽然家里生活仍清苦，詹兴洪还是送他到离家不远的学堂读书。

一听到爹娘要将他送进私塾，詹天佑开心得不得了，因为他听说学堂里的那位何天义老师是个很有学问的人，有他当老师的话，自己满肚子的疑问就可以得到解答了。

可是，才去上了三天课，詹天佑就意兴阑珊不想去了。

一天清早，像往常一样，詹兴洪到田里工作，六岁的天佐和四岁的琼仙正在院子里玩，陈氏背着三岁的小女儿和仙忙着做家事。当她瞥见大儿子碗里的饭还剩大半碗时，立刻提醒他："天佑，饭要吃快点，上学快来不及啰！"

"喔……"

听到儿子无精打采的回应，再看到他依然有一口没一口地扒着饭，陈氏便先搁下手边忙碌的家事，擦干双手，走到他的身旁，摸了摸他的额头关心地问："是不是不舒服？"

詹天佑摇摇头。

"那是……不想去上学？"

见儿子的神情，陈氏便知道自己猜中了，接着问："为什么不想去上学呢？"

"娘，上学没有我想的那么有意思。"

"哦？为什么呢？"

"老师教的内容，我一下子就学会了，可是，因为许多同学还不会，所以老师只好一再地重复教同样的东西。比如说《三字经》吧，我上学第一天就全会背了，可是，老师现在才教到一半……"

陈氏这下子全明白，不过她还是劝儿子说："你才上

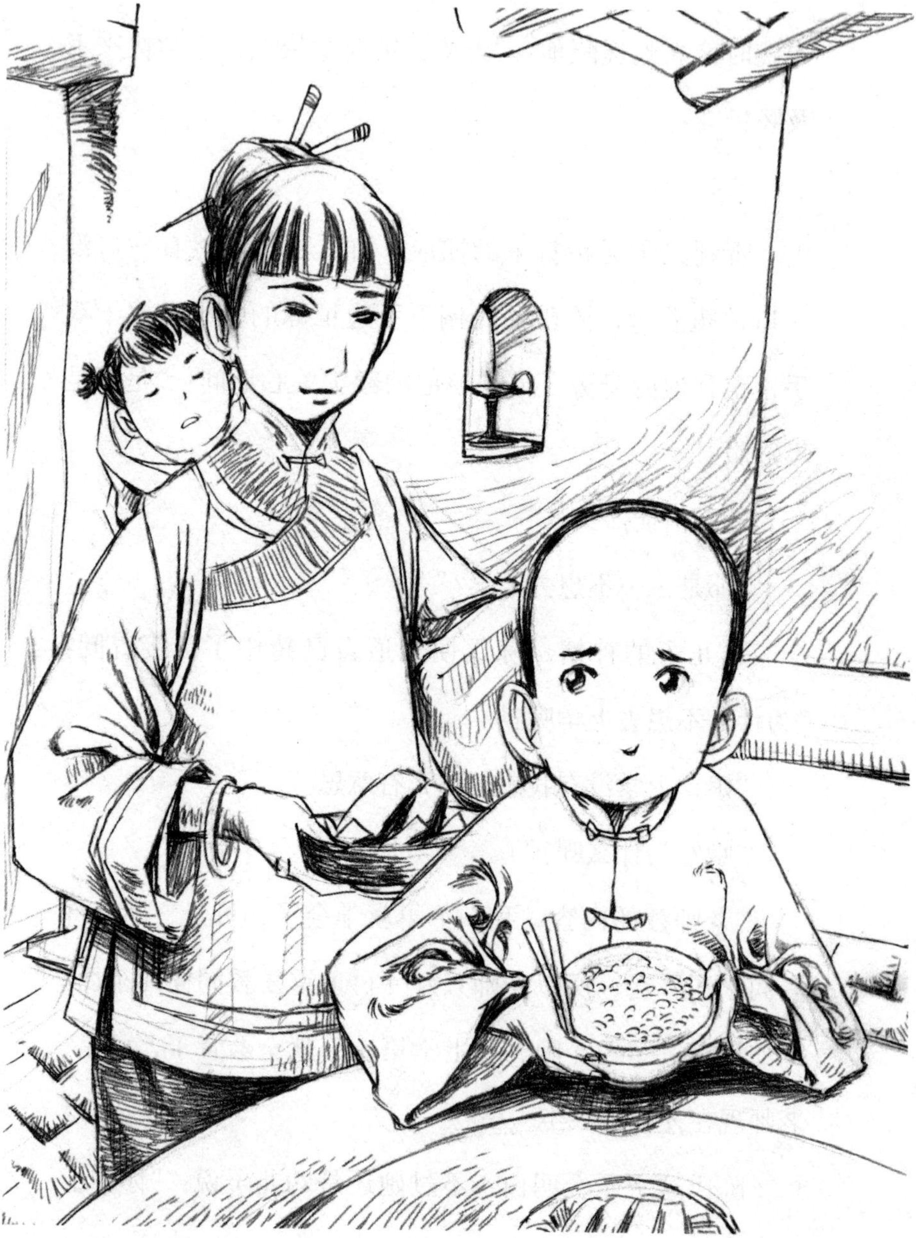

几天课而已，学堂里有趣的事多着呢，还是再去念念看吧！如果过一阵子还是这样，娘再请你爹去跟老师谈谈。"

娘的话让詹天佑的心情好转了不少，他立刻将剩下的饭吃完。

要出门去学堂时，詹天佑忍不住回头问娘："娘，上学是不是只能学识字和背诵《三字经》《百家姓》《千字文》《千家诗》这些书呢？"

"当然不是呀，等你再大一些，老师还会教你四书五经，《论语》《孟子》《大学》《中庸》都是很有学问的书喔！"

"可是再有学问的书，如果只是死记硬背，而老师不加以讲解，我们又怎么会懂它的意思呢？"

"这简单。你可以请老师帮你讲解啊！"

"娘，老师也会教我们为什么一天会有白天和黑夜，为什么一年会有春夏秋冬，为什么冬天会下雪而夏天却不会，这一类的学问吗？"

"啊？"陈氏愣了一下，因为她从没听过学堂能教这些的。

"如果老师能够告诉我这些问题的答案，该有多棒啊！"

望着儿子离去的背影，想着儿子刚刚说的话，陈氏决定请丈夫去跟学堂的老师谈谈。

知道儿子学习能力强，詹兴洪自然非常乐意去学堂找老师商量，请他多教儿子一些新的知识。

私塾老先生何天义听了詹兴洪的话，不但不生气，而且连连点头地说："天佑这孩子的确跟别的孩子不一样，我会多找些他感兴趣的东西来教他。"

"那就有劳老师了。"

从那时候开始，何先生便常在课外，为詹天佑安排一些特别的课程，还将自己的藏书借给詹天佑看。因此，詹天佑又喜欢上学堂了。

有一天，詹天佑归还老师借给他的书籍时，在书架上发现了《天工开物》这本书，在好奇心的驱使下，他拿下书来随手翻阅，没想到立即被书里一幅幅精美的插画吸引了。

在批阅学生作业的何天义，抬头见詹天佑拿着一本书站立在书架前一动不动，便随口问："天佑，想借的书挑好了吗？"

詹天佑拿着《天工开物》跑到老师面前，急切地说："老师，这本书借给我好不好？"

何天义看清楚书名后，有些诧异地问："这本书是明朝宋应星所写的，用字遣词有些难，你看得懂吗？"

"看得懂！"说完，詹天佑的眼睛亮晶晶的。

何天义可不相信詹天佑的话，虽然詹天佑早在家里就学会了几百个字，本身的领悟力也强，但《天工开物》毕竟不是一本七八岁的孩子随随便便就能看得懂的书，因为这部书可以说是科技百科全书，农业、纺织、陶瓷、矿业、造纸等包罗万象的技术都在里面。不过，他觉得就算詹天佑看不懂也无妨，便将书借给了他。

没想到几天后詹天佑来还书时，竟然兴奋地说："老师，这本书真是太好玩了！"

何天义听了瞪大眼睛问："你真的看得懂？"

詹天佑点点头，然后从袋子里拿出一个东西给何天义，说："老师，您看！这是我照着书里的图片和方法做

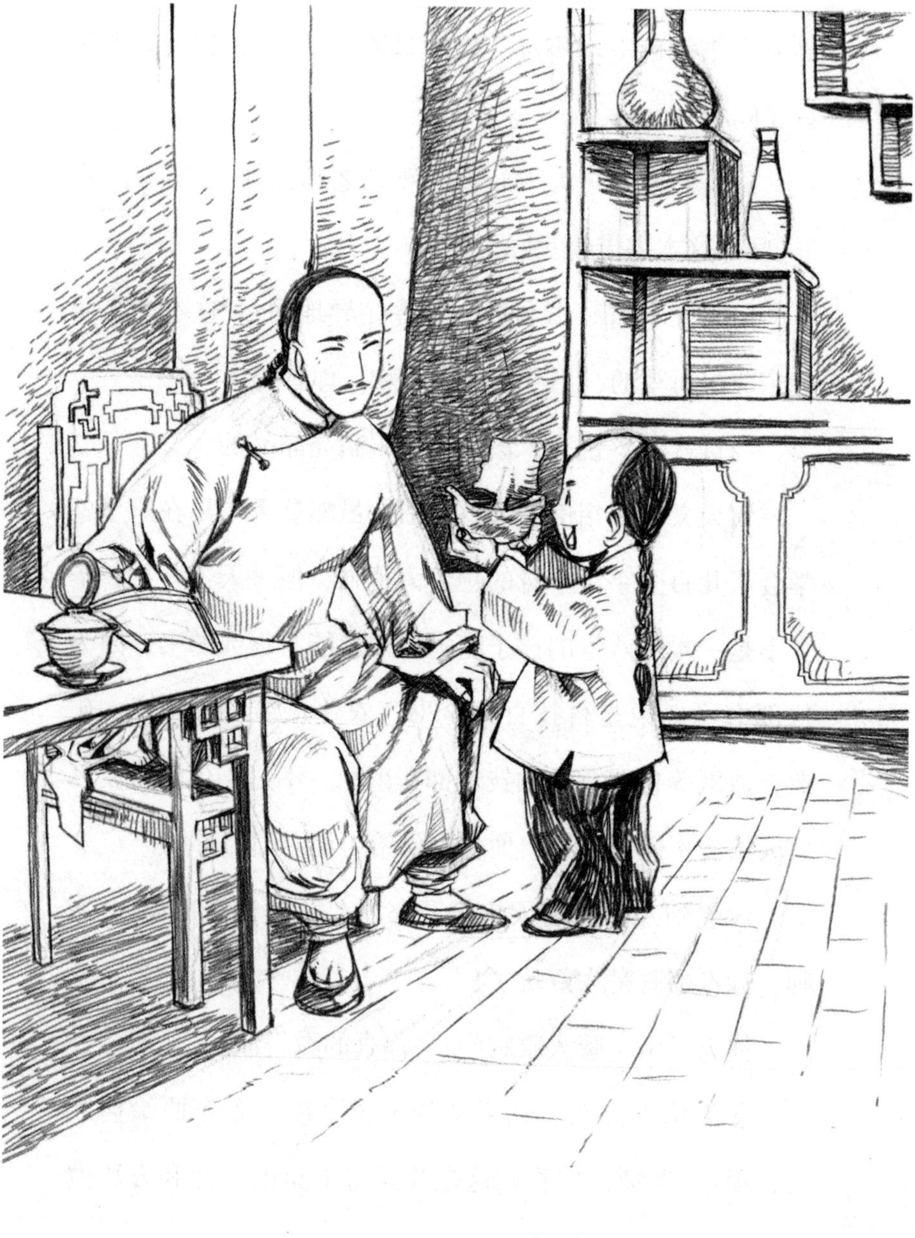

的模型。"

何天义仔细端详着詹天佑用泥巴塑成的帆船,虽然他做得不像书里画得那么精美,却也有模有样。他随口问了几个有关帆船制作的问题,詹天佑都对答如流,而且非常正确,何天义不禁对他另眼相看。

"老师,您的这本书再借我看一次好不好?"

"你不是才看完吗?"

"这本书实在太有意思了,所以我想再看一遍。"

何天义想了一下后,露出慈爱的笑容说:"既然你这么喜欢,这本书就送给你吧。"

詹天佑听了两眼发亮,难以置信地问:"老师要将《天工开物》送给我?真的?"

见何天义点头,詹天佑惊喜万分,嘴巴咧得大大的,雀跃地说:"老师,谢谢您!我一定会好好珍惜它的!"

4. 小小技艺家

詹天佑本来就对机械很有兴趣，在看完《天工开物》后，他对机器的兴趣更加浓厚了。除了喜欢用泥土捏制各种战车、轮船，还常常兴致盎然地将自己收集的机械零件拼拼凑凑，又装又拆，玩得不亦乐乎。不过身为父亲的詹兴洪对此不太高兴，常要妻子多盯着儿子看书，别让他老是将时间浪费在这些无用的事情上。

有一天，詹兴洪从外面回到家时，看到詹天佑带着天佐、琼仙在院子里玩，还将一些铁片、螺丝钉、螺丝帽弄得到处都是，便责备他说："天佑，你当大哥的，应该以身作则，带领弟弟妹妹多看点书，别老是只顾着玩铁片、螺丝钉这些没用的东西。"

"爹，如果老师教的我们都学会了，是不是就可以玩了？"

见父亲点头，詹天佑便开心地接着说："老师教的，我都念好了，也把天佐和琼仙教会了。"

"真的？"

"爹，您可以考我们啊！"天佐说。

詹兴洪立刻考了三个孩子《三字经》《百家姓》，没想到他们真的都背熟了。他不好意思言而无信，只好让孩子们继续玩，但是在进屋子之前，他仍忍不住继续训诲道："老师教的学会了，也可以再多看些别的书啊！尤其是天佑和天佐应该多用些功，以后参加科举考试才能考上进士，光耀门楣。"

"是的，爹。"

詹兴洪进到屋里，将自己对天佑的担忧跟妻子陈氏说了。背着小女儿和仙的陈氏停下手里的活计，别有一番见解地说："天佑绝不是个喜欢胡闹的孩子，我看他玩螺丝钉是想学习一些新的技能，这是值得鼓励的。"

"研究这些东西再好，也就是当个工匠！有什么用？"

"可是，你不觉得咱们天佑跟一般的小孩子不同吗？他的兴趣和天赋都在这些铁片上，说不定他以后会以这个出人头地呢!"

詹兴洪不以为然地说:"像这种雕虫小技,哪能出人头地?还是好好用功读书,将来参加科举、寻求功名才是正途。"

陈氏不想与丈夫起争执,便转移话题说:"晚饭好了,我去叫孩子们进来吧!"

晚饭后,詹兴洪又到学堂里,去跟何天义老师讨论天佑的事。

"天佑整天玩铁片,我担心会妨碍他读书。"

"这你可以放心,到现在为止,天佑的书读得比谁都好。而且他的脑筋灵活,好奇心重,说不定将来可以像古时候的张衡、祖冲之那样,做个千古留名的发明家。"

得到老师的肯定,詹兴洪又欢喜又担心,语气恳切地说:"谢谢老师对天佑的器重,希望天佑以后别辜负了老师的一番苦心!"

何天义笑着说:"我教了那么多年书,最看重的就是令郎了。现在他才七八岁,还不适合出远门,再过几年,等他稍微长大些,我建议你不妨把他送到专门的学校,去学机械或科学。"

清廷被英法联军打得东倒西歪后,一些知识分子发现洋人的船舰和武器都很精良,便建议同治皇帝开展自强运动,因此朝廷设立了江南机器制造总局、福州船政局和兵工厂等。何天义认为脑筋灵活、喜欢研究机械的詹天佑非常适合到这样的学校求学。

"到时候再说吧!"

虽然何天义这么说,但詹兴洪还是心存怀疑,因为这和科举考试很不一样,他不知道哪一种对天佑更好。

时间飞逝,又过了几个月。

有一天,当詹天佑走进大厅时,听到挂在墙壁上的自鸣钟正"当——当——当——"地整点报时,他瞥了一下时钟,知道是什么时辰后,便想到院子里玩。

但是,当他前脚刚跨过门槛时,忽然灵机一动,立刻将跨出去的脚缩了回来。他左瞧瞧右看看,确定附近没有人后,立刻搬了张椅子到自鸣钟下,然后爬上去将墙上的自鸣钟拿了下来。

他瞪大眼睛仔细端详自鸣钟的外观,却仍看不出它运转的奥秘。然后，他深吸了一口气，小心翼翼地将钟面打开，钟里大大小小的齿轮立刻呈现在他的眼前。可是，不论他上瞧下看、左探右望，还是看不清楚内部齿轮运转的情况，这可怎么办呢？

他实在太想探个究竟了，便大着胆子将齿轮一一拆下。当他聚精会神地研究齿轮的排列组合时，突然响起的声音吓了他一跳。

"喔——大哥，你惨了！你把自鸣钟弄坏了！"

"嘘——"詹天佑立刻将食指放在嘴唇上，要天佐小声一点儿，然后紧张地四处张望，确定没看到爹娘的身影后，他才松了口气。

琼仙望着散落一地的机械零件，担忧地说："大哥，钟坏了，爹爹会生气的，怎么办？"

詹天佑安慰琼仙说："别担心，大哥会修好的。"

"真的？"天佐和琼仙惊讶地问。

"嗯！"詹天佑点了点头。

不过，詹天佑嘴上这么说，心里其实忐忑不安，因为他并没有十成的把握。他紧张地捏了一把汗，依照刚刚心

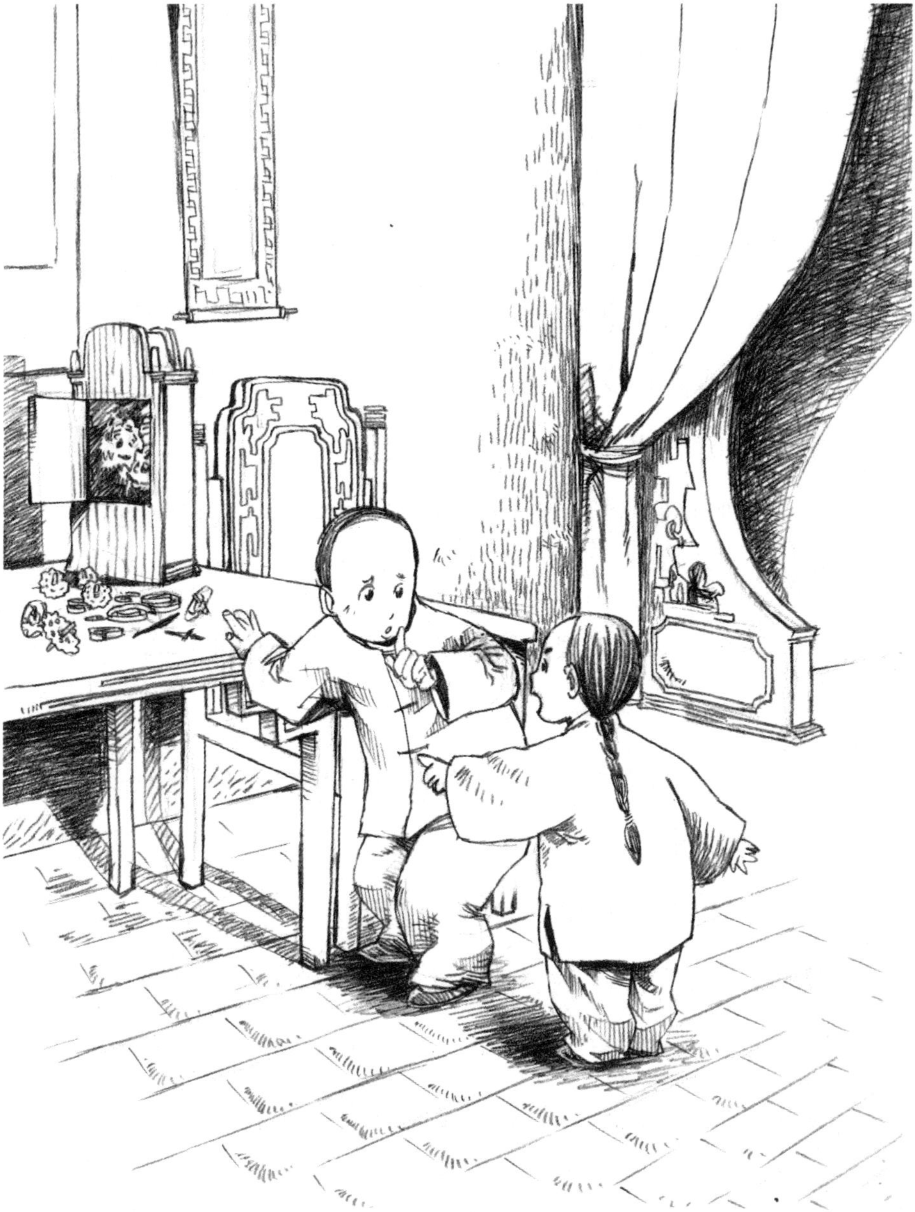

里默记的顺序将齿轮一一还原，没想到竟然真的让他组合好了。

看到钟摆恢复了滴答滴答声，天佐和琼仙都敬佩地说："大哥，你好厉害呀！"

詹天佑自己也很得意，胸中更是充满无法言喻的满足感。他趁爹娘还没发现前，赶紧将自鸣钟挂了回去，然后对天佐和琼仙说："我们去玩泥巴吧！"

"好呀！好呀！"天佐和琼仙齐声欢呼，玩泥巴是他们最喜欢的游戏。

"大哥，你要捏很棒的战车给我喔！"天佐说。

"好！"

"大哥，你要捏一艘大大的轮船给我喔！"琼仙说。

"没问题！"

三人边说边往屋后的那片竹林跑，直到三人不见踪影，陈氏才从大厅的屏风后走出来。她走到自鸣钟下，伸手将挂歪了的自鸣钟扶正，想到才七岁的儿子竟能无师自通，自行拆装自鸣钟，她不禁露出为人母亲的得意笑容……

5. 考取美国留学

"天佑，放学了啊！"

一进门的詹天佑循声望去，立刻露出欢喜的笑容，朗声问候道："谭伯伯好！"

这位谭伯伯就是詹兴洪的同乡兼好友谭伯村，家境比詹家富裕，因为生意的需要，时常来往广州与香港，所以思想比较先进，消息也特别灵通。几年前他到詹家走访时，发现詹天佑对机械和科学特别有兴趣，是个天资聪颖、与众不同的孩子，便对他格外赏识，爱护有加。

谭伯村常来找詹天佑说话聊天，除了把他从书本、报纸上看到的许多科学新知告诉詹天佑外，还常从香港帮詹天佑带回新式的儿童画报。其中，最让詹天佑爱不释手的，是一张真的火车的照片。一看到照片，詹天佑就被照片中的火车给吸引住了，得知它可以载动上百人，比轿子、人力车还好用几百倍，不禁诧异得目瞪口呆。还有那叫照相机的机器，竟然能照出比任何画家画得还要传神的影像，真是不可思议，令他深深地感到这个世界真是无奇不有！

"哇！才几天不见，你又长高了。对了，你多大了？"

"十二岁了。"

"十二岁了……对啊！你的年纪跟我们的珍儿差不多，我怎么忘了！"

谭伯村所说的珍儿，是他的四女儿谭菊珍，因年龄跟詹天佑差不多，所以詹天佑和弟弟到谭家玩时，就常和她一起玩耍、聊天。

"谭伯伯，你为什么突然问起我的年龄？"詹天佑奇怪地问。

谭伯村以莫测高深的眼神望着詹天佑，问道："你是不是对西洋的新学问和工程技术非常感兴趣？"

见詹天佑点头后，谭伯村接着问："如果现在有个机会，让你远渡重洋到美国，去学习西洋的新学问和工程技术，你愿不愿意去？"

"我当然……"詹天佑兴冲冲地想回答"愿意",却又戛然而止。虽然这是他一直以来的梦想,但他毕竟才十二岁,既恋着家,又没有足够的人生历练去独自面对无法预知的未来。

一进门,就听到老友在跟宝贝儿子谈美国留学的事,詹兴洪立刻打岔问:"老谭,你又在跟天佑胡扯些什么?"

"我可不是胡扯。"

"哦?"

"你记不记得两年前,我跟你提过一件破天荒的大事?"

见詹兴洪茫茫然,谭伯村立刻接着说:"两年前,朝廷派陈兰彬和容闳两人做监督,在上海设立出洋局,打算招考三十名学童,到美国去学习各项科学技能!"

詹兴洪想了一下,说:"的确听你说过这件事。那时候你说天佑若是大些,考场能近些,就要带天佑去考考看。你现在提这些,该不会是……"

"没错,我想要让天佑去报考。"

詹兴洪吓了一大跳,不过,随即镇定地说:"你少费心吧，都已经两年了，那三十个名额早就满了。"

"不不不！知道这个消息的没有几个人，而能知道这个消息的人，大部分不是有钱人，就是有地位的满洲人。衣食无缺的他们，哪肯让孩子去参加这种考试呀！因此，招募了两年，三十个名额还没满。"

"原来如此。"詹兴洪终于有些明白。

"听说那个容闳大人，是第一个留学美国的中国学生，有经验、有眼光的他对这件任务非常用心。他认为咱们南方的风气比较开放，招生比较容易，便亲自到香港招生。"

"他亲自来香港招生？"

"嗯。我一得知消息，脑海中浮现的第一个念头就是：'天佑该去报考！'因此便兴冲冲地来找你商量这件事。"

詹兴洪很感谢好友的热心，但是他思虑再三后，拒绝了："天佑虽然已经十二岁，但还是太小了，我怎么可能放心让他一个人到外国去呢？还是算了吧！"

"爹，我……"

"大人商量事情，小孩子别插嘴！你先回房读书去！"

既无法表达自己的意见，又无法违背爹的话，詹天佑看了谭伯村一眼后，便无奈地转身回房了。

深知詹天佑心意的谭伯村，继续游说詹兴洪："天佑虽然年纪不大，但已能自己照顾自己。何况这是为国家培养人才，朝廷自然会安排人照顾，所以你不用太担心。"

詹兴洪沉思了一会儿，说："我还是不放心。反正我们天佑的书读得不错，将来参加科举考试，谋求个功名应该不是问题，因此没有必要冒这样大的风险，远渡重洋去留学。"

具有新思想的谭伯村却不这么认为，他耐心地劝说道："现在年头不同了！我看将来科举说不定会被废掉呢，所以你不必太指望它，还不如让天佑到外国去学一点新东西，才真的有出息。"

"我不信！"詹兴洪才不信已实行上千年的科举制度会被废除。

"时代进步得那么快，只是用八股文[①]来考试的科举制度，哪能挑选出真正能为国家做事的人才？所以我向你

---

① 八股文：明清科举制度所规定的文体。

保证，科举制度被废掉只是早晚的事。何况让天佑去参加留学考试，如果考上了，去念个'洋翰林'回来，也不错啊！老詹，我们那么多年的交情，我又那么喜欢天佑，难道会故意害他吗？"

詹兴洪知道老友的好意，但天佑不过才十二岁，万一真的考上了，被送到国外求学，就算能平平安安回来，至少也要七八年的时间；万一水土不服，或是出个什么意外，说不定就这样永远不能再见面了。想到这里，他便万般不舍，因此对谭伯村说："你的话虽然很有道理，但是这件事关系着天佑的一生，实在太重要了，我必须从长计议。"

"报名快截止了，没时间让你从长计议，你赶快下决定吧！"

谭伯村见詹兴洪犹豫再三，便焦灼地说："既然你说事关天佑的一生，你何不问问他的意见，让他自己做决定吧！"

"小孩子哪里知道利害得失，所做的决定哪能当真？何况不用问，我也知道他一定是满口答应的。"

"既然如此，为何你不肯尊重他的心意？"

詹兴洪被逼急了,生气地说道:"儿子是我的,你急个什么劲呀?"

没想到这呛人的话,谭伯村听了不但不生气,反而坦然地笑着说:"天佑不仅是你的儿子,也是我的半子,我怎么能不急?"

詹兴洪听了这话,不禁愣住了,用不解的目光瞪着谭伯村,问:"你说什么?天佑什么时候成了你的半子?"

"我心里早有打算,想把我们家的菊珍许配给天佑,这事你不会反对吧?"嘴里虽是在询问,可是那脸上的神情却明摆着,詹兴洪胆敢反对的话,他绝对会跟他翻脸。

"你这话是当真的,还是开玩笑的?"詹兴洪一脸惊讶地问。

"怎么不是当真的?难道儿女婚事可以拿来乱开玩笑吗?"

詹兴洪觉得既然谭伯村把天佑当半子看,那么为了他自己女儿未来的幸福着想,应该不会害天佑,可是……

"就让天佑去考考看吧!"

听到妻子的话,詹兴洪诧异地循声望去,见到妻子身后的天佑，他便明白了。他从妻子的眼神中看出她的不舍，可是她却选择放孩子去自由翱翔。如此一来，詹兴洪还有什么理由不成全孩子的志向呢？

"好吧！一切就听你老兄的安排吧！"

"这真是太好了！我马上帮天佑报名去！"

詹兴洪挽留他说："老谭，不必那么急，留下来吃过晚饭再走吧！"

"不用了，吃饭哪比得上这事要紧，还是先去办好。对了！你们别忘了要帮天佑准备行囊，过几天他就得赶到香港应考。"

交代好事情，谭伯村便兴冲冲地要走，临到门口仍不忘回头叮咛："天佑，这千载难逢的好机会你可要好好把握！要好好用功啊！"

"好！我一定会认真念书的。"

"这才是好孩子！"

不久，考期将近，詹兴洪放心不下，决定亲自带着詹天佑到香港应试。出发前，全家人都离情依依。

天佐、琼仙紧拉着詹天佑的衣角，舍不得他走。陈氏

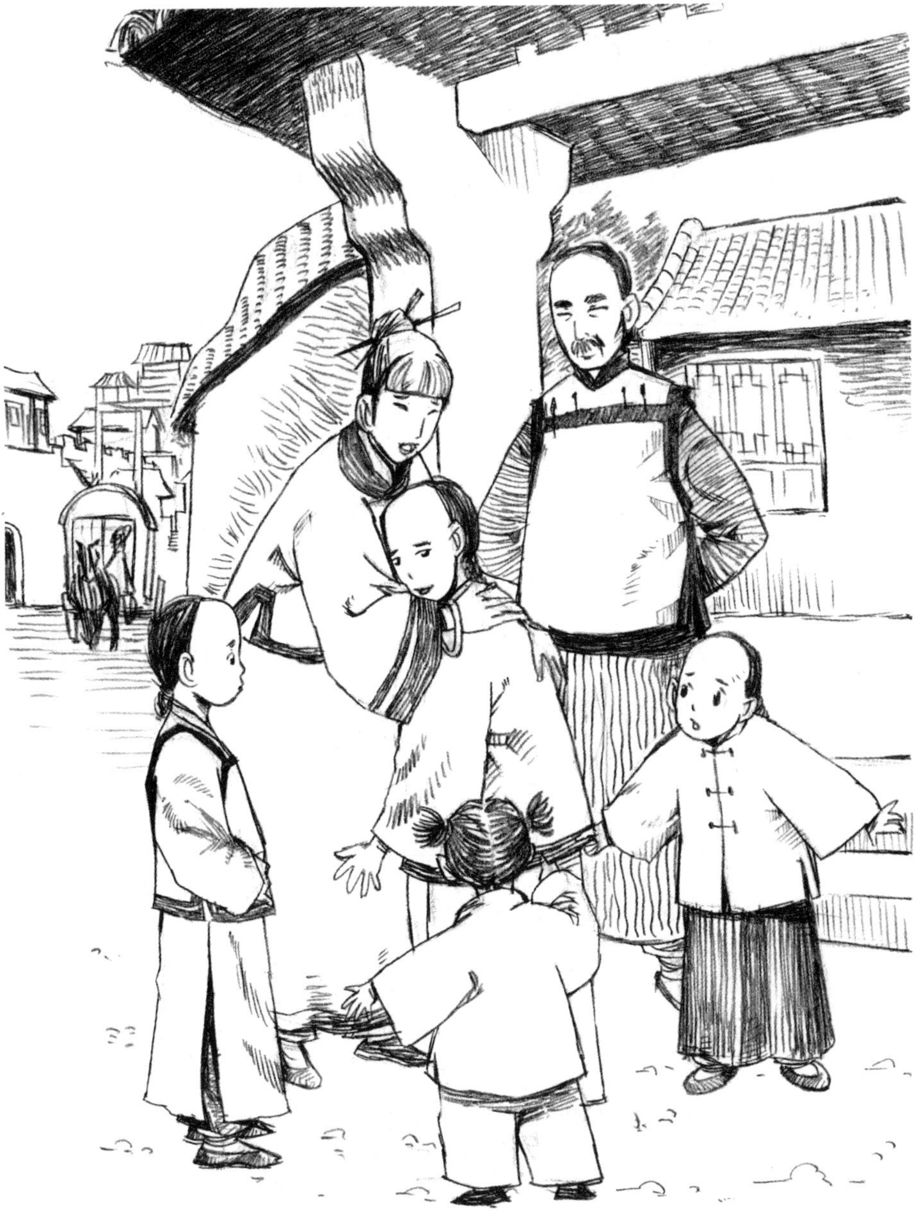

更是紧紧地搂着个子已到她肩膀高的詹天佑,再三嘱咐:"出门在外,一切都要格外小心,别跟你爹走散了!"

"嗯。孩儿定会谨记娘的教诲。"詹天佑乖巧地点头承诺。第一次离家的他,早已热泪盈眶了。

"只是去考个试而已,又不是就此远渡重洋,有什么好舍不得的?说不定没考上,转眼就回来了。"詹兴洪故作轻松地说。

忽然来了一部人力车,原来是谭伯村带着女儿菊珍来送行。

"天佑,要全力以赴喔!别辜负了你父母和谭伯伯对你的期望!"谭伯村反复叮咛着。

"嗯,我会全力以赴。"

虽然在众人的面前,谭菊珍有些害羞,但她仍勇敢地将自己准备的礼物送给詹天佑,说:"这是我自己绣的锦囊,里面放着我跟我娘到庙里帮你求来的护身符,祝福你一切平安顺心。你要放好哦!"

詹天佑有些腼腆地收下了锦囊,心里竟有一丝莫名的激动。

或许是家人的祝福和锦囊的保佑，詹天佑在香港参加出洋局的考试相当顺利。应试时，监督容闳见詹天佑聪明敏捷，回答问题井然有序，立即决定录取。不过考取以后，詹天佑却来不及回家报喜，因为他必须立刻和其他考上的留学生一起，随着监督容闳直接从香港乘船到上海的预备学堂，参加为期四个月的留学培训。

这次，当他在香港登船准备出发到上海时，只有父亲送行。

詹兴洪望着年纪尚小的儿子，千言万语却不知从何说起，哽咽了半天只说了一句："多多保重！"

"嗯。"心中五味杂陈、百感交集的詹天佑也说不出话来，只是猛挥着手向父亲道别。

眼看载着詹天佑的船渐渐远去，消失在茫茫大海中，詹兴洪不禁想起，刚刚清政府要他签字画押的《出洋志愿书》的内容：

我儿詹天佑，愿意由出洋局送去美国读书，学习技艺。回国以后，听候政府差遣，不能在国外逗留谋生。如果因生病或意外而死亡，则自认命该如此，必须毫无怨尤。因口说无凭，以此具结书①为凭证。

学童詹天佑，年十二岁，中等身材，脸圆白，徽州府婺源县人。

曾祖父文贤

祖父世鸾

父亲兴洪

同治十一年三月十五日

想到此后儿子不在身边，想到日后父子不一定还能相见，詹兴洪不禁潸然流下慈父泪。

---

① 具结书就是责任书，表示愿意为自己的行为承担法律责任。

6. 中国留学先驱——容闳

　　詹天佑和二十多名被录取的幼童,跟随容闳离开了香港,到达上海"幼童出洋肄业局"所办的预备学校,学习英文和美国的风土民情。

　　在学习西餐礼仪时,幼童们虽然觉得用刀叉吃东西很奇怪,不像使用筷子那么方便,但是因为新鲜有趣,所以学得还不错;但学习与中国字迥然不同的英文时,就让这三十名准留学生头昏脑涨、舌头打结了。

　　看到幼童的英文学习状况不是很好,容闳语重心长地训勉他们说:"现在洋人能够富国强兵,就是因为他们的科学技术非常发达,而朝廷这次派你们到美国留学,正是要你们好好学习他们所长,日后回国报效,让国家富强,以抵抗外国的欺侮与侵略。而你们在学习他们的先进科学知识之前,必须先学会英文,掌握英文这把钥匙,才能开启进入西学的大门啊!"

幼童们将容闳的话铭记在心,更加用心地研读英文。渐渐地,他们发现了英文的奇妙所在,产生了浓厚的兴趣,因此学习更下功夫,英文也终于有了进步。

白天,幼童们忙于学习各项功课,所以没空想家;但是,每到夜深人静时,浓浓的乡愁总是涌上心头。因为第一次离家到异乡,所以他们好想爹,好想娘,好想哥哥、姐姐、弟弟、妹妹,好想家里的一切,可是他们不知道什么时候才可以回家,更不知道以后还有没有机会见到家人。因此,在夜深人静时,常常有人躲在被窝里哭,詹天佑也不例外。

一天晚上,想家的詹天佑又躲在被窝里偷偷哭泣,突然他感觉到有人轻轻拍了拍他蒙着头的棉被,因为怕被笑不够勇敢、不像男子汉,他立刻用袖子抹干脸上的泪水,拉下被子伸出头来。在昏暗的月光下,他看清是住在隔壁房间的欧阳赓站在他的床边。他经常像个大哥哥般照顾他。

"怎么了?身体不舒服吗?"大詹天佑两岁的欧阳赓蹲

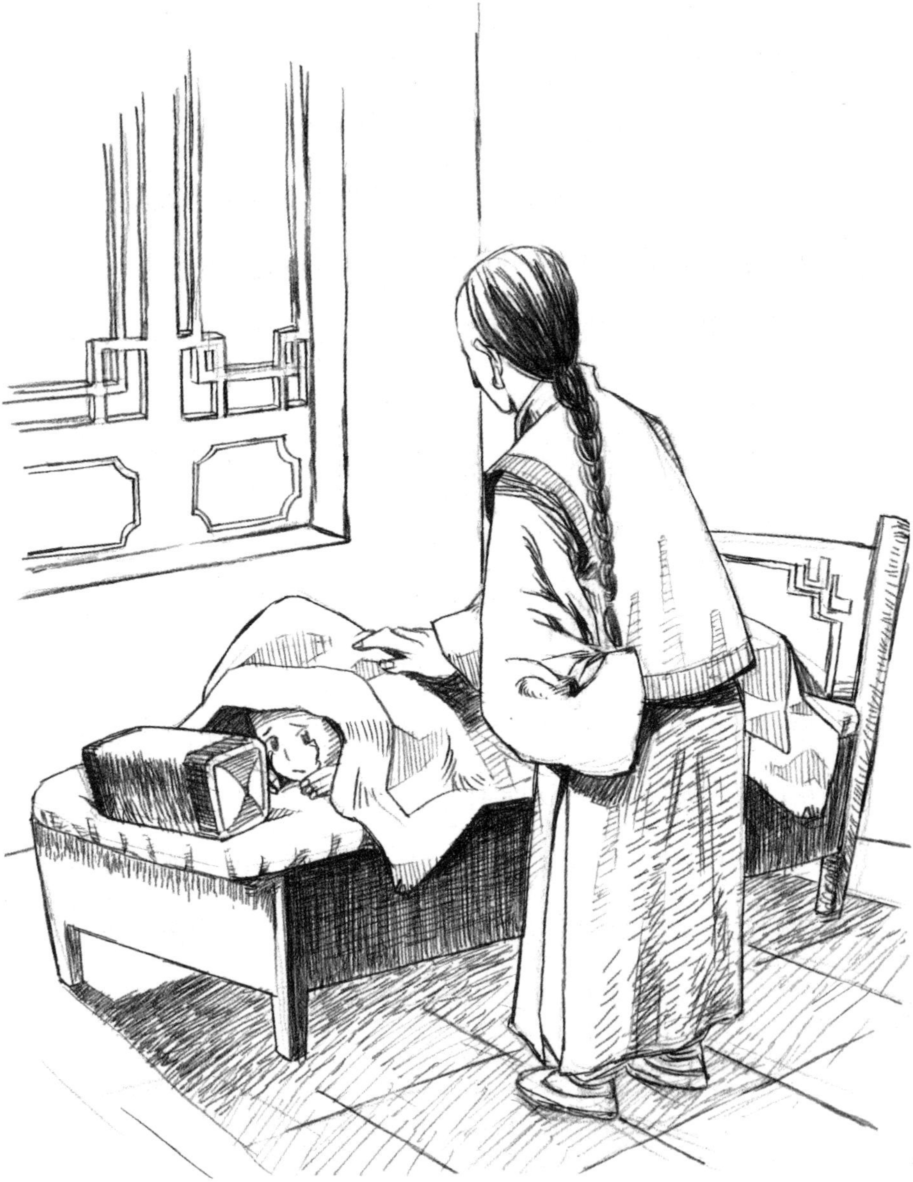

在床头关心地问。见詹天佑摇头，又听见他呼吸沉重，他便接着问："你哭了？……想家？"

"嗯。"詹天佑不想对关心他的欧阳赓说谎。

"我也想家，"因房里还有其他幼童在睡觉，因此欧阳赓压低了声音说，"刚开始我想家时，也是跟你一样蒙在被子里哭，还因哭得太厉害，第二天上课时头还昏沉沉的呢。"

"对，我也会这样！"詹天佑还残留着泪水的眼睛顿时发亮，觉得和欧阳赓真是同病相怜。

"头昏沉沉时，老师上课的内容我根本就听不进去，只想收拾行李回家，一刻也不想再待了。一天夜里，想家想得厉害的我真的这么做了。可是，当我提着行李要走出房门时，曾笃恭大哥却叫住了我。"

"啊……"詹天佑为好友捏了把冷汗，因为曾笃恭是他们这三十名幼童里年纪最大的一个，十六岁的他常像个严厉的兄长般管教他们。而欧阳赓竟然连房门都还没踏出就被他抓到，真是倒霉透了。

"你被他抓到，有没有受罚呢？"

"他没有罚我,只淡淡地问我说:'你学成归国了吗?'"

"我们连国都还没出,如何'学成归国'?"詹天佑不解地问。

"我也是这样回答他的。而他听了又接着问我:'你既然还没有学成归国,现在就要回去,将以何种颜面去见家乡的亲朋好友呢?更别说要离开香港前,你父亲签下了将你交给朝廷、生死由命不可怨尤的具结书,你要害你爹犯欺君之罪吗?你要害你的家人因你一时的怯弱而被满门抄斩吗?'"

"有那么严重?"也曾想过要偷跑回家的詹天佑吓了一跳,怯怯地问。

见欧阳赓点头,詹天佑立刻泪如雨下,因为他真的好想家呀!

"我那时听了也跟你一样,一直哭一直哭,而曾笃恭大哥只是静静地抱着我,不说一句话。直到我的心里平静多了,他才开口说:'如果你就这么偷跑回去,除了对不起家人外,还对不起一个人。'"

"谁?"詹天佑问。

"容闳大人。"

"为什么?"詹天佑不解地问,因为他觉得容闳大人只是他们的主考官罢了。

"我听了也与你有相同的疑问,所以曾笃恭大哥便跟我说起了容闳大人的故事。"

"哦?"

"你知道容闳大人是我国的第一个留学生吗?"

詹天佑点点头说:"听我们家乡的谭伯伯说过。"

"你觉得能成为我国第一个留学生的人,他的家境如何?"

"当然是很富有啊!"

"你现在也即将出国留学了,你的家境很富有吗?"

詹天佑摇了摇头,心中有些不解。

"我从头说起吧!容闳大人是广东省南屏村人,因为那里离澳门不远,所以是中国较早受到西方文化影响的地区之一。他原本家境贫寒,在七岁的时候,曾机缘巧合入读了一所教会学校,跟着一个传教士的妻子读书,后来学校停办，他只好辍学。后来他又入澳门马礼逊教会学校读书。在他十八岁那年，马礼逊教会学校的校长布朗先生因病要回美国，热爱学生的他表示希望带几个学生一同赴美留学，便问全班有谁想跟他走……"

"容闳大人就这样跟他去了美国？"

欧阳赓点点头，接着说："到了美国，容闳大人刻苦求学，考上了知名的耶鲁大学①。在耶鲁大学的最后一年，他下定决心，要让我国更多的年轻人可以跟他一样，能到西方接受教育、学习科技新知，因为要想我们的国家越来越富强，不再受洋人的欺侮，就一定要有懂得西方知识的人才。因此，二十六岁的他拿到耶鲁大学的毕业证书后，就回国为他的理想奋斗，可惜当时因为他没有官职，所以根本没有机会跟朝廷提这件事。后来经人推荐，他为朝廷里的大官做过几次翻译，因此认识了当时很有远见的李鸿章大人、曾国藩大人，他立刻把握机会，游说他们上书，奏请朝廷派遣幼童出洋，学习洋人的科技新知，但直到十

---

① 耶鲁大学：创建于1701年，是美国著名的大学。

多年后的今天，他的愿望才实现。"

聪颖的詹天佑立即明白，他能参加"幼童出洋肄业局"的招考，实在是容闳大人锲而不舍、辛苦努力的成果，不由得诚敬地说："容闳大人的精神真是令人敬佩！"

欧阳赓赞同地说："我也这么觉得，因此，我决定向他学习。"

"我也要！"詹天佑意志坚决地说。

"我要像他一样到美国念书！"

"我也要！"

"我要像他一样考进耶鲁大学！"

"我也要！"

"我要像他一样回国报效国家！"

"我也要！"

"那么从现在开始，我们一想家，就拼命念书；一想家，就多运动锻炼身体。"

"咦，为什么呢？"詹天佑不解地问。

欧阳赓解释说："有强健的体魄，我们才不会客死他乡；有好的学业成绩，我们才能早日学成归国，报效国

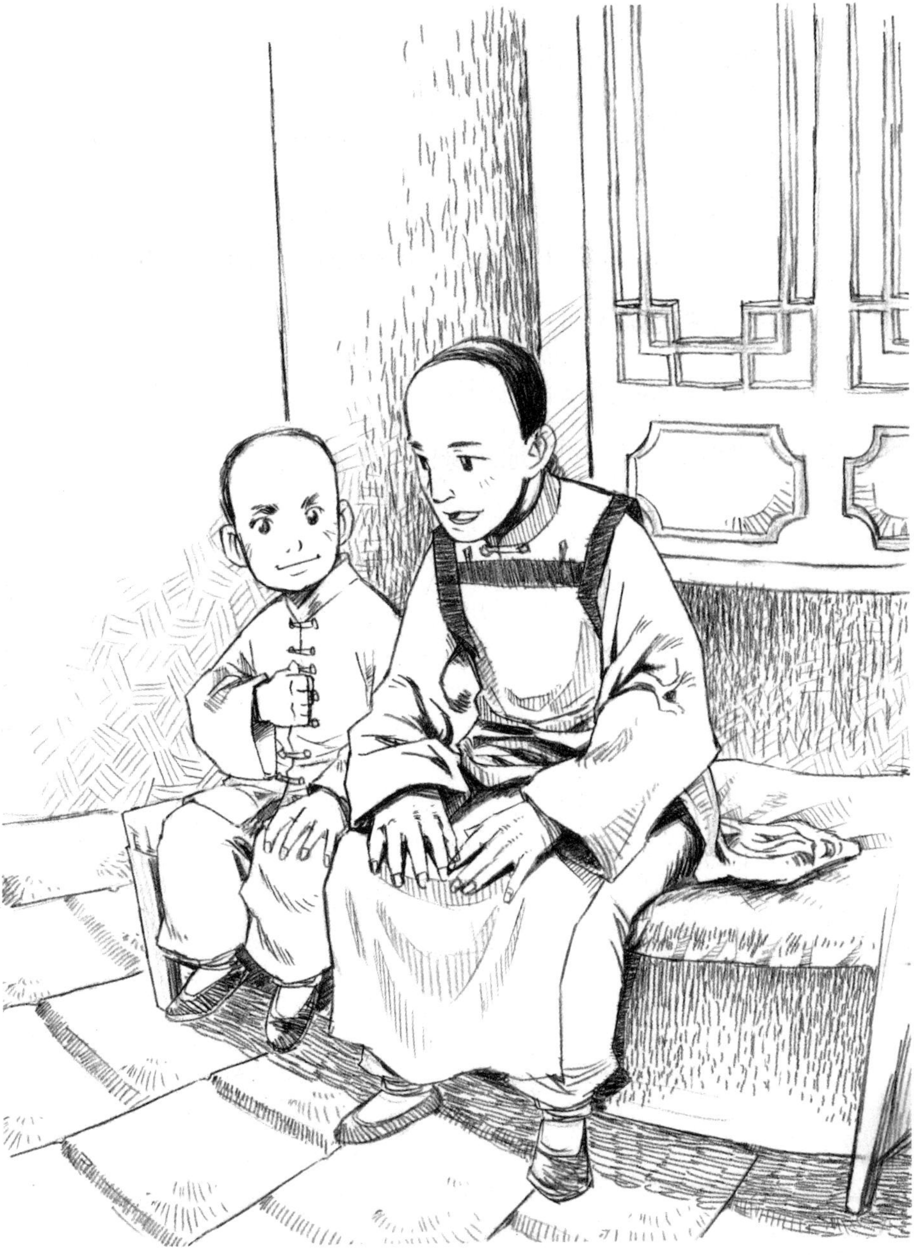

家，和我们的家人相见。"

"好！那么从现在开始，我们一想家，就拼命念书多运动。"

虽然窗外依旧一片黑暗，但詹天佑和欧阳赓满心觉得他们的未来充满光明。

而不知何时就站在他们房外聆听的容闳听到这儿，露出了欣慰的笑容，默默地转身回了房。

7. 成了"外国人"

一天早上,容闳集合了三十名幼童,对大家说:"你们在这儿求学已经三个多月了,学习的情形还算不错,所以最近我将先到美国,帮你们安排要念的学校和要住的地方,大约需花一个月的时间。希望一个月后再见到你们,你们能比现在有更长足的进步。"

这一下,孩子们都感到"美国行"越来越近了,个个既紧张又兴奋,既期待又无比惶恐。

一个月后,在驻洋委员陈兰彬的率领下,中国第一批官费留学生启程前往美国。

出发前,三十名即将赴美的幼童穿戴整齐,在轮船招商局前面集体拍照留影。那叫照相机的方形木盒子,竟然只要"咔嚓"一声,就能将三十个人的影像传神地"画"在一张纸上,幼童们都觉得好新奇,于是对学习洋人的科技新知也产生了更大的渴望。

当他们提着行李来到熙熙攘攘的港口时,眼前热闹繁华的景象让他们觉得新鲜有趣,突然,一艘巨大无比的轮船出现在眼前,让他们个个诧异得瞪大了眼,目不转睛,詹天佑也不例外。他虽然经常做轮船的模型,却是第一次见到真的轮船,第一次感受到轮船的巨大。

随后,他们一个个怀着无比敬畏的心,跟着陈兰彬登上了这个"庞然大物"。当双脚真的踏上甲板时,他们还是不敢相信眼前的一切是真实的。

"你们在磨蹭些什么?还不赶快将行李放进舱房!"

陈兰彬大人的话,把这群置身在梦幻世界的幼童给震醒了,他们立刻提着各自的行李,随着工作人员来到了他们的舱房里。

刚放好行李,起航的汽笛声就响起了,舱房外有人喊着:"走!快到甲板上去,跟岸边的亲友挥别!"

他们也跟着上了甲板,倚靠着栏杆,拼命地向岸边送行的人挥手。

詹天佑望着人头攒动的岸边,突然意识到这一次远行

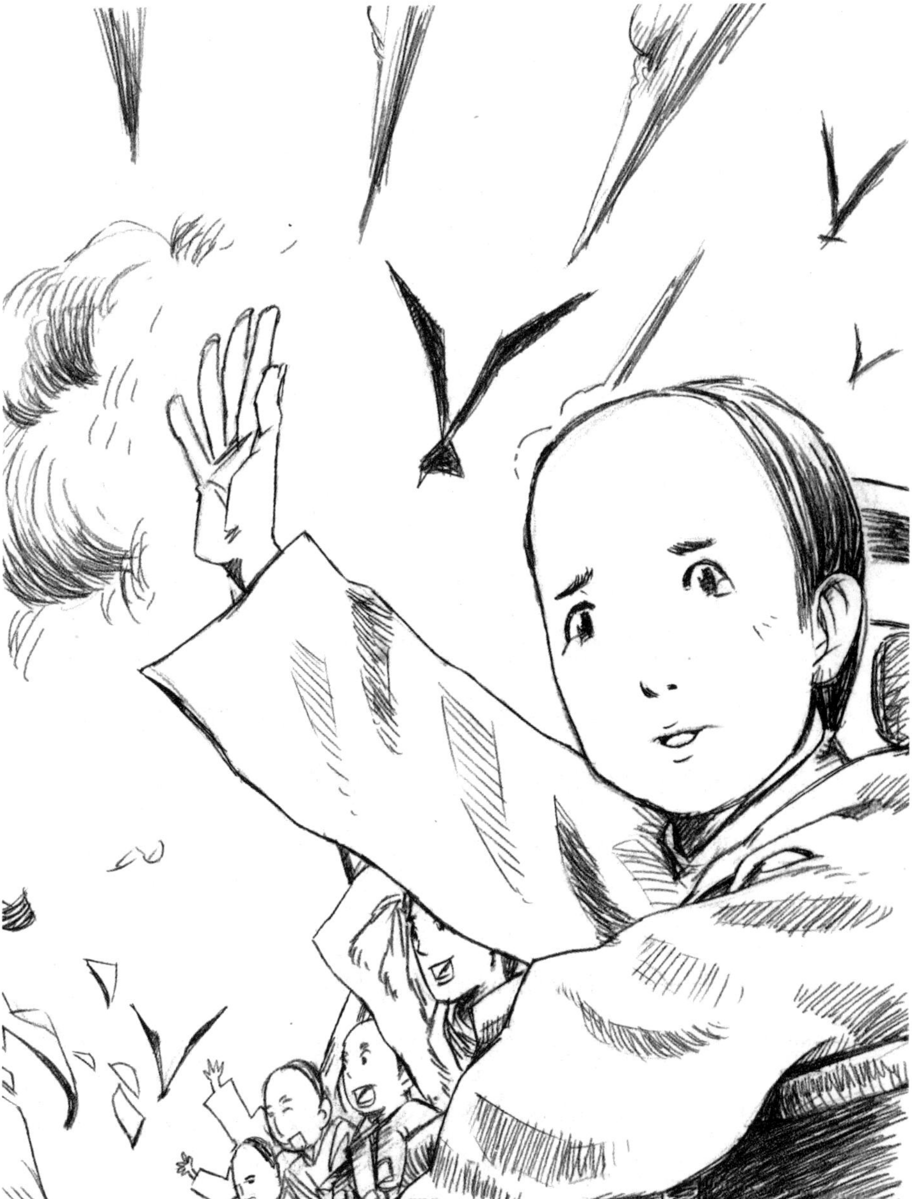

并没有亲人送别，一想到不知归期何时，眼睛里就充满了泪水。

当邮轮划破水面开出港口，驶向浩瀚的太平洋时，他不禁暗自低声说："别了！我的家人与故乡！我们几时才能再相见啊？"

这时，欧阳赓忽然拍了拍他的背，说："走吧！我们去探险！"

"探险？"

詹天佑虽然觉得奇怪，还是抹干泪水跟着欧阳赓跑。

首先，他们兴致勃勃地研究着船上的铁梁。

詹天佑望着一根一根大大小小、粗粗细细的铁梁，由衷地赞叹说："发明铁梁的人真是厉害！"

"嗯，因为有它连贯船的两边，才使得这艘船更加坚固。"

接着，他们小心翼翼地在船舱里四处探索，终于找到推动这艘巨大的轮船的幕后功臣——各种机器和锅炉。他们花了更多的时间在那儿观察，直到被工作人员发现，才不得不离开。

当他们回到甲板上后,欧阳赓说:"科学的海洋浩瀚无穷,我们到了美国一定要用心学习!"

"我们一定要学成归来!"詹天佑下定了决心。

"对!"欧阳赓立刻附议。

没过几天,他们到了日本的横滨港,然后在那儿换乘前往美国的大轮船。大轮船在惊涛骇浪中颠簸了一个多月,终于到了美国西岸的旧金山。

他们在旧金山下船,这是他们第一次踏上美国的土地,感觉很奇特。和在中国最大的不同是,他们随处所见的都是金发、红发、棕发、蓝眼、碧眼、白皮肤的洋人,相较之下,他们才是这里的"外国人"。

詹天佑张大眼睛四处张望,在当地的接待人员中怎么也找不到熟悉的身影,便小声地问欧阳赓:"怎么没有看到容大人?"

欧阳赓摇摇头,说:"我也不清楚。他比我们早一个月出发,照理说应该早就到了,怎么会没见到他呢?该不会是出了什么事……哎哟!谁打我的头?"

欧阳赓捂着头怒气冲冲地转过身去,看到是曾笃恭打他，一肚子的气顿时全泄了，但仍忍不住问："曾大哥，你为什么打我？"

"要你别乱说话！"

"可是，真的没有看到容大人啊。"

"那是因为他在美国东部康涅狄格州的哈特福德。"

"他到那里做什么？"

听见欧阳赓这样问，曾笃恭真想狠狠地骂他一顿，不过他还是忍住了，叹口气后反问道："你该知道我们来美国是做什么的吧？"

"当然知道。就是读书啊，学洋人的科技新知呀！啊——你是说我们不是要在这儿念书，而是要去那……什么康……什么福的地方？"

"没错。不过，如果你俩还在这儿磨蹭的话，我们不介意把你们留在这儿自生自灭。"

"我们很介意！"欧阳赓、詹天佑紧张地说。

"那还不赶快上车！"

欧阳赓和詹天佑这才发现，不知何时大家都上驿马车了，怕被丢下的他们赶紧跟上。

他们一行人从美国西部的旧金山出发,沿途有火车搭火车,没火车就搭驿马车,遇到了大河就搭轮船,风尘仆仆地往东行。

一路上,他们目睹了美国科学技术上的巨大成就,对火车、轮船,以及电讯制造业的迅速发展深受震撼,赞叹不已。可是,有些人看了,却因而对中国的前途感到悲观,泄气地说:"洋人的科学技术好厉害,可以说已经到了出神入化、炉火纯青的地步,难怪朝廷每次跟他们打仗都会吃败仗。唉!'技'不如人啊,连老天爷都帮不上忙。"

"是啊!洋人的科学技术那么厉害、那么强,我们要学到什么时候才学得会、学得完啊?想到这些我的头就痛。"

"可是,如果学不会、学不完的话,我们就不能回国、不能回家,那该怎么办?"

"不能回家?那不就见不到爹娘了?呜……呜……呜……"

一个只有十岁的小弟弟,一听到不能回家,立刻呜呜咽咽地哭了出来。

身为老大哥的曾笃恭见了，搂着他的肩膀安慰道："别担心！他们只是胡扯的，因为无论洋人的科学技术再怎么厉害，我们也一定能都学会的。"

"是啊！"欧阳赓认同地说，"如果不是怀着学习西方技艺的理想，我们何须辞别父母，告别故乡，千里迢迢来到这遥远的国度呢？因此，大家一定要打起精神来好好学习。"

此话说进了詹天佑的心坎里，他立刻大声说："没错！我们绝不可长他人的志气，灭自己的威风。我们一定要更努力学习，让今后的中国也像美国一样，有火车，有轮船，有各种便利的机器设备。"

他们三人的话激起了众人的斗志，大家齐声说："对！我们要为我们的国家努力奋斗！"

8. "中国女孩子"

经过许多天的舟车劳顿,他们终于到达了目的地——美国东部康涅狄格州的哈特福德。

见到了容闳,留学生们就像见到了亲人一样,觉得既亲切又安心。而提前一个月到达美国的容闳,也已经解决了这些留学生的住宿和就学问题。在住宿的安排上,他听取了耶鲁大学哈德莱教授以及康涅狄格州教育厅厅长诺斯洛的意见,不让留学生集中住在一起,而是将他们两三人分一组,分住在附近的美国人家里,使他们能够专心学习英语,习惯西方的生活方式。

当詹天佑和欧阳赓得知他们两人被分在同一组时,高兴得手拉着手又跳又叫,使得也在同一组的陈钜溶心里有些不是滋味。他说:"我也跟你们俩同一组呢,你们不欢迎我啊?"

詹天佑和欧阳赓这才记起，与他们同一组的还有这个比詹天佑大一岁、同是广东人的陈钜溶。两人立刻很有默契地各搭陈钜溶一边的肩膀，友好地说："当然欢迎！"

陈钜溶这才露出笑容，接着问："我们被安排住在哪个洋人的家啊？"

有点像包打听的欧阳赓回答说："一个姓诺索布的家庭。听说诺索布先生，是我们即将就读的威士哈芬小学的校长！"

陈钜溶立刻苦着一张脸说："惨了！跟校长住在一起，我们岂不是每天不论上学、放学，都要被管得死死的。"

"可是，从另一个角度看，我们不论上学、放学，都有人可以指导我们的功课，这样不是很好吗？"詹天佑乐观地说。

"只好这么想了。"陈钜溶无奈地说。

住进诺索布家没多久，詹天佑等三人就发现诺索布一家人都很好相处，尤其是诺索布夫人对他们这些异乡游子更是慈爱，常常嘘寒问暖，关心他们的学业。很快，他们那颗寄人篱下、忐忑不安的心终于放下了。但，他们的学

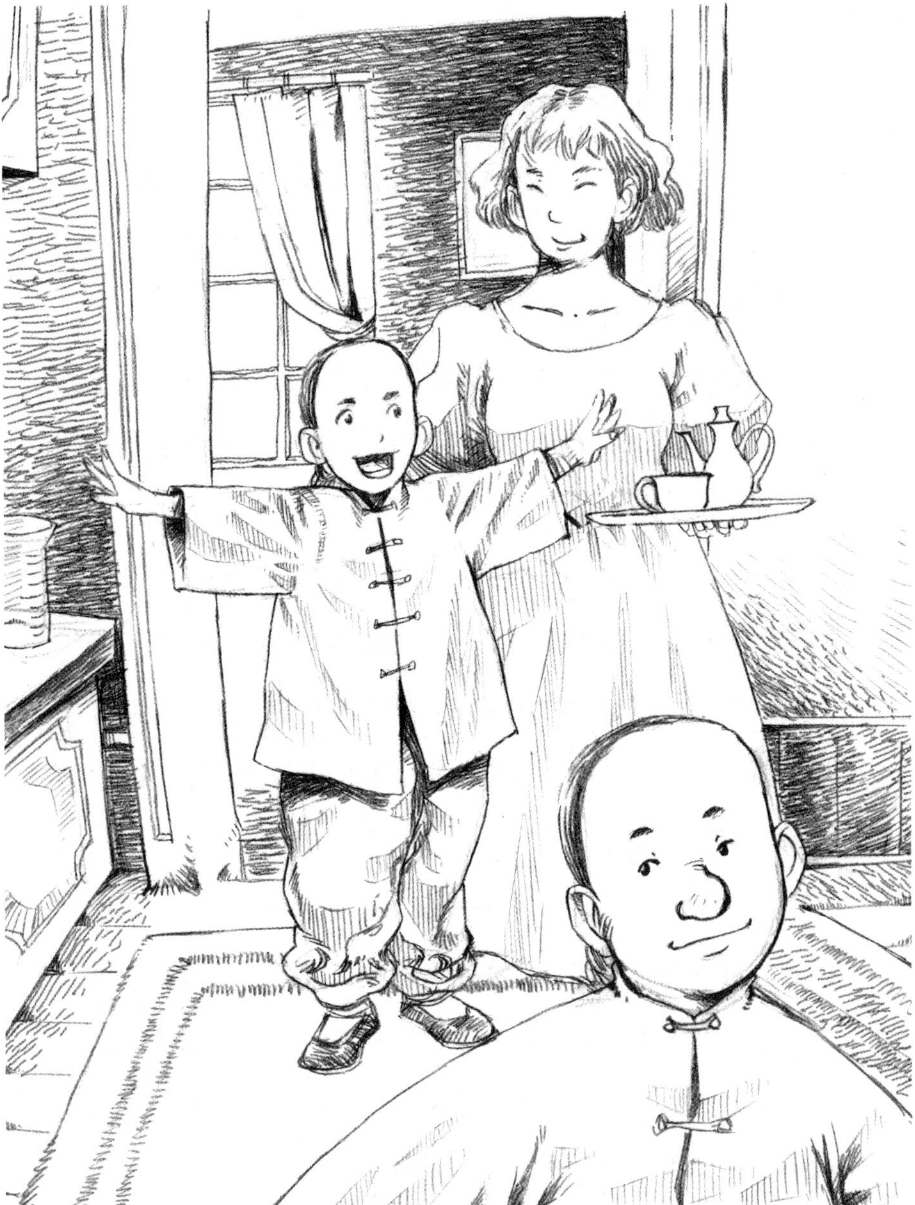

校生活可没这么顺利。

这些留学生是怀着兴奋恐惧的心情踏入新学校的，不仅因为新环境不大适应，还因为他们大多只在上海预备学堂学过四个月的洋文，听、说、读、写都不是很流利，因此刚到学校时，他们简直像是聋哑学生一样，既听不懂洋人老师上课的内容，也无法用洋文提出自己的疑问。万不得已时，只好比手画脚地来向老师、同学表达简单的意思，却又常常因表达不清，弄得误会百出，尴尬不已。

这样难堪的生活过了几日，孩子们竟然渐渐适应了。因为置身在洋人的国家中，几乎随时随地都在听洋文，练习讲洋文，所以老师的讲课内容渐渐地也能听懂了，而且眼前新鲜有趣的一切，强烈地吸引着他们努力学习，因此成绩渐有起色。

第二年，詹天佑和一些学习能力较好的留学生，正式进入威士哈芬小学读书，而这所学校最大的任务就是教导来自中国及南美洲等国的少年，让他们学好英文和美国习俗。可是，为了让留学生不忘本，正监督陈兰彬大人要他们放学后一律到"监督处"学四书五经。

一天放学时，欧阳赓拉着詹天佑说："我们赶快到监督处去吧！听说我国的第二批留学生今天会到，我们早点过去，说不定可以找到同乡问问家乡的情形。"

一听到有机会可以打听家乡的消息，詹天佑立即加快脚步，边跑边问："他们的人数跟我们的一样吗？"

"嗯，一样是三十个人，是由黄平甫大人带领的。"

"不知道那些美国同学会不会也叫这批新来的留学生'中国女孩子'？"詹天佑边跑边笑，因为去年他们刚到美国时，大部分的人年纪尚小，清秀稚气的脸庞配着脑后长长的辫子，加上穿着宽宽的长袍马褂，使得许多第一次见到他们的美国人，误以为他们是女孩子，因此称他们为"中国女孩子"。

"难说呢！虽然许多美国人后来弄清楚我们是男不是女，但还是喜欢用'中国女孩子'的称呼来逗我们。"

"说不定这批留学生不用多久，也会像我们的一些同学一样，脱掉属于中国的长袍马褂，换上美国人的长裤运动服，甚至还将辫子剪掉。"其实詹天佑也想效法，只是没有付诸行动。

"这是早晚的事罢了，入乡随俗嘛！"

"可是陈兰彬大人对这事很生气。"

"让陈兰彬大人生气的事情又何止这件！连我们打棒球、踢足球、骑脚踏车等正常的体育活动他都反对，说我们这样会成为'假洋鬼子'，会忘祖。要不是容闳大人帮我们说话，我们早就什么事都不能做了。"说到这儿，欧阳赓觉得忿忿不平，生气地说："如果只要跟洋人沾上边的事我们就不能做的话，那干脆留在中国，还来美国留学做什么？唉！真搞不清楚朝廷怎么派这么守旧的人来当我们的监督！"

"别再说气话了！监督处到了，我们赶快去找找看有没有同乡吧！"

不一会儿，他们就找到了好几个来自广东的同乡，听着他们谈论故乡的种种，终于能稍稍消解他们的思乡之苦。

其实，这批刚从中国来到美国的留学生，每一个人都让詹天佑感到无比的亲切，因为看到他们就像看到去年初来乍到的自己，没想到时间过得这么快，他到美国已经快一年了。

　　回想到美国的这段时间，詹天佑的心中有无限的感触。因为离乡背井的缘故，这一年中他独立了许多，也成长了许多。他暗自下定决心，在往后的日子里，一定要更加认真地求学，除了当这些小学弟的楷模外，更希望能早日学成归国，早日见到日夜思念的爹娘。为了达成这个心愿，他要全力以赴，永不懈怠。

9. 进耶鲁大学

詹天佑很遵守学校的纪律，对于每一门学科没有不勤奋学习的，所以成绩很好。当他从威士哈芬小学毕业后，考进了纽哈芬希尔豪斯中学。三年后，詹天佑十七岁时，以班上第一名、全校第二名的优异成绩从希尔豪斯中学毕业。

看了他的成绩单，诺索布夫人说："你的数学、物理挺不错的，相当适合念理工科，你何不去耶鲁大学报考看看！"

耶鲁大学坐落在美国波士顿和纽约之间的纽哈芬市中心，是美国非常有名的一所大学，更是詹天佑心仪已久的学校，因为，自从他得知容闳大人的故事以后，便想追随他的脚步，成为耶鲁大学的学生，只是他担心自己的能力不足，无法如愿。如今有了诺索布夫人的鼓励，他当然想去努力尝试，没想到真的让他考上了耶鲁大学的土木工

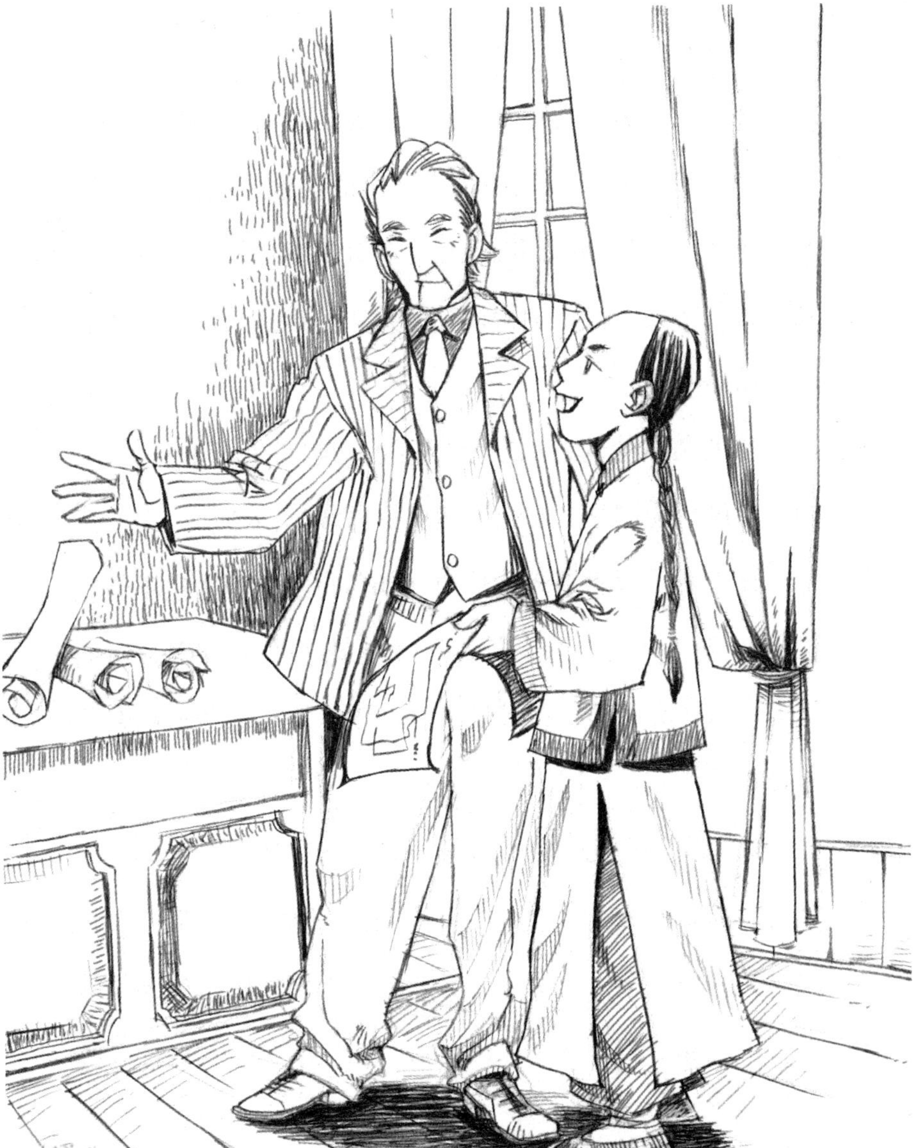

程系。

土木工程分为房屋、道路、铁道、隧道、桥梁、河港和市政等专门科目。领略过美国交通运输便利的詹天佑，想把火车铁轨铺到中国的土地上，让所有中国人都能享受到运输的方便，使中国得以朝发达国家迈进，因此他决心专攻铁路工程。

巧的是，他的好朋友欧阳赓也一起考上了耶鲁大学，两人再度成为同学，友谊当然更加深厚。

读土木工程对詹天佑来说，如鱼得水，因为这不但是他的兴趣，更是他的专长，所以他花了许多时间勤奋向学，深入研究，他所设计的工程图常常获得教授们的夸奖与赞赏。

除此之外，他的数学成绩更是优异，所以在大学二年级时，获得"数学成绩优异奖"。这是耶鲁大学第一次将此奖颁给中国学生，所以意义非凡，不但激励了詹天佑本人，也振奋了其他中国留学生，更让美国学生们对这些"中国女孩子"刮目相看。

得到这么高的荣誉，詹天佑当然开心，只是无法将这份荣誉和远在地球另一端的家人分享,让他有些落寞。

这日,躺在如茵的草地上,望着校园中一座座高耸入蓝天的石砌钟楼、高塔,詹天佑幽幽地想着:"爹娘的身体还硬朗吗?弟弟妹妹们应该长高了吧?谭伯伯是否爽朗依旧呢?而菊珍……现在变得怎么样了呢?她还记得我吗?"

没想到当年匆匆一别,直到现在还无法和亲友相见。如果每年还有留学生来的话,他就可以跟他们打听到家乡的讯息,只可惜在光绪元年(1875年)第四批幼童抵美后,朝廷就不再派留学生到美国了,而这都要怪吴子登大人。

吴子登大人一向反对幼童留洋,因此詹天佑实在不明白,为何在陈兰彬大人调任驻美公使后,朝廷会派遣他来接任正监督,管理留学事务,难怪会闹出那么多不愉快的事情。

翰林出身的吴子登大人刚到美国就任时,就因为谒见留学生时,孩子们没有行跪拜礼而勃然大怒。后来还因幼童的管教问题,和作风开明的容闳大人起了无数次冲突。

眼见着越来越多的留学生不听劝阻，执意剪辫子、穿洋服、信基督教、进洋人教堂，他便和陈兰彬大人一起上奏朝廷，说他们这些留洋的学生不读圣贤书，品德不好，沾染了许多洋人的恶习，快成为"假洋鬼子"了，如果尽快解散出洋局，早日撤回全部留洋学生，便是国家的福气。在他们一再上奏之下，朝廷果真不再派留学生到美国了。

得知这个消息后，容闳大人气得口不择言地说："这种性格迂腐的人，早该丢到疯人院去了！"

可是对于这样的结果，吴子登大人和陈兰彬大人竟然还不满意，仍然继续上奏，似乎非弄得朝廷把他们这些留学生全部撤回不可。詹天佑还真怕哪天朝廷听信了他们的话，把他们通通召回去。唉！连容闳大人都无可奈何，他们这些无权无势的学生又有什么办法呢？就算他们气得胸口都快炸了，也只能隐忍不发。

其实，詹天佑也渴望能早日见到家人，只是学业未成，哪里有颜面回去见乡亲父老呢？

这时，耶鲁大学的象征——哈克尼斯塔悠扬的钟声和小教堂管风琴的合鸣，从不远处传来，回响在詹天佑的耳畔。庄严肃穆、充满祥和气息的乐音，让詹天佑烦躁的心情沉淀了下来，他暗下决定："不管未来朝廷的决定如何，从现在起，我都要珍惜在美国的每一分、每一秒，好好学习洋人的长处，日后回国时，才能尽我所能报效国家，造福社会。"

下定决心后，詹天佑便更努力学习。因此，大学三年级时，他再一次获得"数学成绩优异奖"。面对这份殊荣，他没有丝毫的骄傲自大、轻忽懈怠，仍然继续朝着自己的目标努力前进。

光绪七年五月，二十岁的詹天佑以《码头起重机的研究》这篇论文从耶鲁大学毕业，获得土木工程系的学士学位，完成了他的第一个目标。

10. 匆促回国

虽然詹天佑已经拿到学士学位，但并不自满，因为见识过美国各项先进建设的他，觉得自己的学识仍然不够，因此决定考进耶鲁大学的研究所就读，继续深造，以追求更高深的学问。

这天，当詹天佑在房里全心全意地准备研究所入学考时，却被急促的敲门声给打断。

他一打开门，门外的欧阳赓便拉着他往外走，边走边急着解释说："快！容闳大人要全部留学生到监督处集合，说有重要的事情要宣布。"

詹天佑一听，心中立刻有了不祥的预感。

他们到了监督处时，许多留学生已经陆续到达。

见留学生已经到了差不多，容闳才踩着沉重的步伐上台，无奈地宣布说："朝廷采纳了吴子登大人的意见，下令全部留学生回国。"

"啊！"留学生们全场哗然，震惊不已。

惊讶过后，他们纷纷表达意见："我们大学还没毕业，怎么回去？"

"对呀！我们的学业还没完成，怎么回去见家乡父老？"

"我们正准备参加大学的入学考试，连大学都还没进去呢！"

"当初不是说出国念书，期限是十五年吗？现在怎么……"

容闳举起手要全场安静，然后说："对于朝廷的这个决定，我也和各位一样感到震惊和难过。按当初我的计划，各位的确是要出洋留学至少十五年，但朝廷的命令是不容违抗的，这点大家应该都明白吧！"

容闳叹了口气，看了全场每位学生一眼后，接着说："朝廷要我们即刻启程回国，所以各位还是赶紧回去收拾行李吧！"

虽然留学生们的心里仍然为此不平，却知道此刻说再

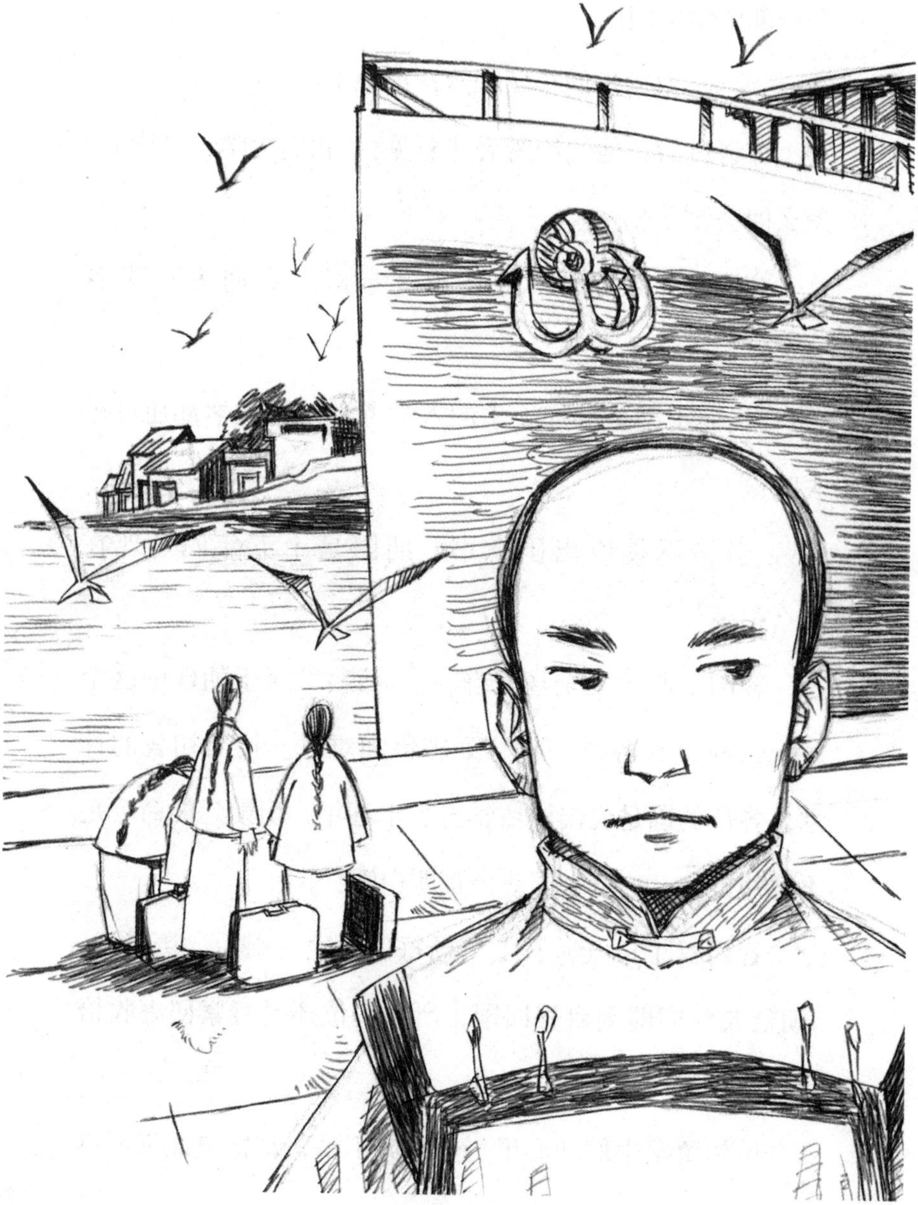

多也没有用。因此，一个个像泄了气的气球一样，无精打采地回去收拾行李。

光绪七年（1881）七月，容闳率领教职员和四批学生，离开美国东岸，风尘仆仆地赶往美国西岸的旧金山，等待船班回中国。一路上，大家的情绪都十分消沉，想到当初刚到美国时的雄心壮志，现在不免有"壮志未酬身先死"的感觉。

在看到沿路美国各项建设更加进步后，詹天佑不禁感叹说："当初刚到美国时，我们还在烦恼洋人的科学技术那么厉害、那么强，我们要学到什么时候才学得会、学得完；没想到现在才学到皮毛而已，朝廷就要我们回去。唉！"

"你别叹气了，在我们一百多名留学生中，你和欧阳赓两个人的际遇算是最好的。毕竟你们已经拿到学士学位，不像我们，大学只念了一半，而我们这辈子，是绝不可能再千里迢迢地来这里继续学业……"

梁敦彦的这番话，正是众多留学生的心声。因为，在一百多名留学生中，只有欧阳赓和詹天佑两人大学毕业，其余有六十多人还在大学里读书,剩下的根本连大学都还没进去。

"这都要怪朝廷那些狂妄无知的人,要不是他们……"一个留学生气愤地说,但他的话还没说完,就被曾笃恭打断了。

"别乱说话!你想被满门抄斩啊?"

这些在美国呼吸民主气息已久、自由惯了的留学生,终于记起中国仍是清朝,随意批评朝廷是会被砍头的,甚至还会连累家人。想到这里,大家更加灰心丧气,气闷难耐。

不过,有大哥风范的曾笃恭立刻鼓舞大家说:"虽然我们入宝山没有满载而归,却也不再是没见过世面的乡下孩童了。所以,我们仍能将我们在美国所学到的新知识、新思想带回祖国,造福社会。"

一向乐观的欧阳赓赞同地说:"曾大哥说得没有错,虽然我们大部分人的学业尚未完成,但这几年的留学经历,让我们比起国内大部分的人,在见识和学识上都要多得多,只要我们发挥所长,报效朝廷,一定能使我们的国家更富强,让列强不敢再欺负我们。"

这些话重新燃起了众人的斗志,大家有志一同地说:"好!我们就朝这个目标迈进!回国后,一定要发挥所长,报效朝廷,使中国更富强,让列强不敢再欺负我们!"

11. 所用非所学

得知詹天佑这个"洋翰林"回国，家人燃放鞭炮迎接，街坊邻居、亲朋好友也纷纷上门来祝贺。一片欢天喜地之中，回到家乡的詹天佑终于见到他魂萦梦牵的爹娘和家人了。

八年！离开家乡已经八年了！看到思念已久的爹娘，詹天佑的内心激动不已，泪水在眼眶里直打转。忽然，他"咚"的一声双膝齐跪，说："爹，娘，孩儿回来了！"

詹天佑的爹娘立刻上前扶起詹天佑，说："平安回来就好！平安回来就好！"望着儿子已由昔日的小男孩，长成为顶天立地的男子汉，詹天佑的爹娘心中感到无限欣慰。

当夜幕低垂，祝贺的人潮渐渐散去后，詹兴洪才对儿子提出心中的疑问："你不是说，在美国学习有关铁路的土木工程，还拿到了什么学士学位吗？为什么朝廷不让你发挥所长,不派你去修筑铁路,反而派你到福州船政局的船政学堂(中国近代第一所海军学校),去学习驾驶海船呢?"

说到这个,詹天佑的神色不禁一暗,说:"在美国时,我早就决定回国后,要将所学到的本领贡献给祖国的铁路事业。但是,朝廷洋务派的官员却迷信洋人的技术比较好,在修筑铁路时还是习惯依靠洋人,看不上我们这些留学生,所以我和其他十五名留学生都被派去福州船政学堂重新学习。"

回国后没多久,这些留学生的雄心壮志再次受挫,挫败他们的不是别人,仍然是他们一心想要报效的朝廷。因为这个时候的中国已经混乱到不可收拾的地步。官员贪污、腐化,官商勾结、排挤同僚的官场恶行,完全暴露无遗,使得想要有所作为的人无法施展抱负。对于这样的现状,詹天佑虽然感到气愤,却也只能无奈地接受。

詹兴洪知道此事既然是朝廷决定的,就没法子改了,便提起另外一件重要的事:"明天去拜访你的谭伯伯，也看看菊珍。你不在家的这几年，菊珍常来探望我们两老，帮你尽孝道，真是个难得的好姑娘。现在，你虽然回来了，但是待不了几天又要去福建，这一去又不知道啥时候才能回来。看来，你们俩的婚事近期是没法子办了。"

詹天佑点点头，想起白天时菊珍跟着谭伯伯来家里道贺的情景，心里有丝丝甜意。对于耽误菊珍这么久，让她成为被人说闲话的老姑娘一事，他也十分过意不去。可是，才刚回国的他一切尚未稳定，根本无法谈论婚事，只能请求她继续等待了。

第二天，詹天佑跟着父亲到谭家拜访。在谈了一些他在美国的见闻后，长辈们就借故离开，让他们年轻人有机会独处。

面对已亭亭玉立的谭菊珍，詹天佑感到既熟悉又陌生，害羞得不知道该做什么，只能傻愣愣地端坐着。正当他不知道该说些什么，好打破这尴尬的僵局时，却听到菊珍说："你真该跟我爹凑成一对。"

"啊？"詹天佑呆呆地瞪着菊珍，不知道她为何说出这

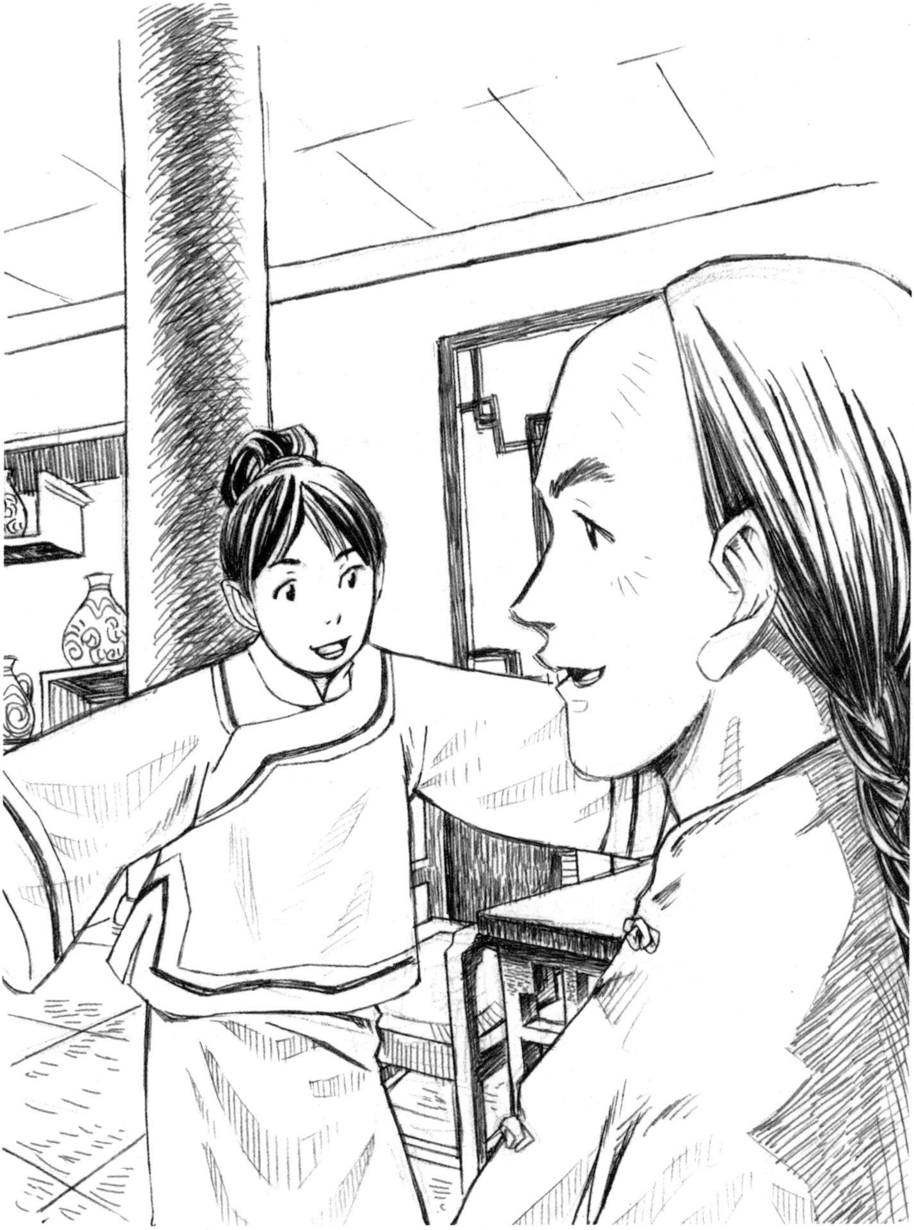

样的话。

见他这副拙样，菊珍扑哧一笑，解释说："你跟我爹有那么多话题可以聊，跟我却无话可说……"

"不是这样的，我只是不知道该跟你谈些什么。"

"你想说什么就说什么啊！"

"哦？可是，我不知道该聊些什么才是你喜欢听的。"詹天佑红着脸说，虽然他们早有婚约，但久别重聚，却不知从何谈起。

"什么事都可以聊啊！比如说，你在美国求学的事，我就很喜欢听啊。"

"你喜欢听我在美国求学的事？"

"我还想去呢！只可惜朝廷不让女子应试。"谭菊珍嘟着嘴说。

詹天佑诧异地睁大眼睛，他没想到菊珍有这么新潮的想法。但转念一想，有谭伯伯这样喜欢接触新潮事物的父亲，菊珍的见识自然会比一般的中国传统妇女宽广。想到这个见多识广的奇特女子将是他的终身伴侣，他忍不住开心地笑了。

他们聊了许多，聊留学生活的点点滴滴，聊家乡这几年发生的种种变化，更聊他们对未来的理想抱负。话匣子一旦打开，两人不仅寻回了童年时的熟悉感，更产生了一份认同彼此的归宿感。

不过说到未来，詹天佑满怀歉意地说："我很想早日迎娶你进门，但这一去福建，不知道哪时才可以回来，所以……"

谭菊珍摇摇头，说："你尽管去施展你的抱负，不用担心我，只是……别忘了要常写信给我啊！"

"我一定会常写信给你，但你也要回信给我！"

"没问题，我们一言为定！"

有了谭菊珍的体谅与支持，詹天佑再无后顾之忧。

虽然詹天佑曾对被派去福州船政学堂，学习驾驶轮船一事感到气愤，但转念一想，觉得多学一项技能也不错，便用心地跟英国教官泰勒学习驾驶的技术。因此，才一年的时间，他便完成了两年半的课程，以第一名的优异成绩毕业，获得船政大臣召见。

船政大臣对詹天佑说："你年轻有为，值得嘉奖，所以，皇上封你为五品官，派你到扬武号军舰①实习。你要继续认真努力，报效朝廷。"

"是。"

詹天佑虽然对自己逐渐受到赏识而感到高兴，但他的志向并不是当一名海军军官，而是想替国家修筑铁路。想当初刚回国时，听说开平矿务局的工程师金达利用开矿机器的旧锅炉做成小机车，建成了一条连通唐山、胥各庄的运输线，他羡慕不已，恨不得自己也有此机会。他写信将此事告诉谭菊珍，谭菊珍回信说："不用心急，你早晚会有机会施展抱负的。加油！"

有了谭菊珍的鼓励，詹天佑定下心来，在工作岗位上继续努力。

光绪十年（1884），詹天佑又被调回学堂任教习，教授英文和驾驶。同年，中法战争爆发。

九月，蓄谋已久的法国舰队陆续进入闽江②，蠢蠢欲

---

① 扬武号军舰：是艘炮船巡洋舰，福州船政局所建造的第七号舰，也是中国第一艘巡洋舰。
② 闽江：是福建省境内的最大河流，因此福建简称"闽"，马尾是闽江入海处的最大港口。

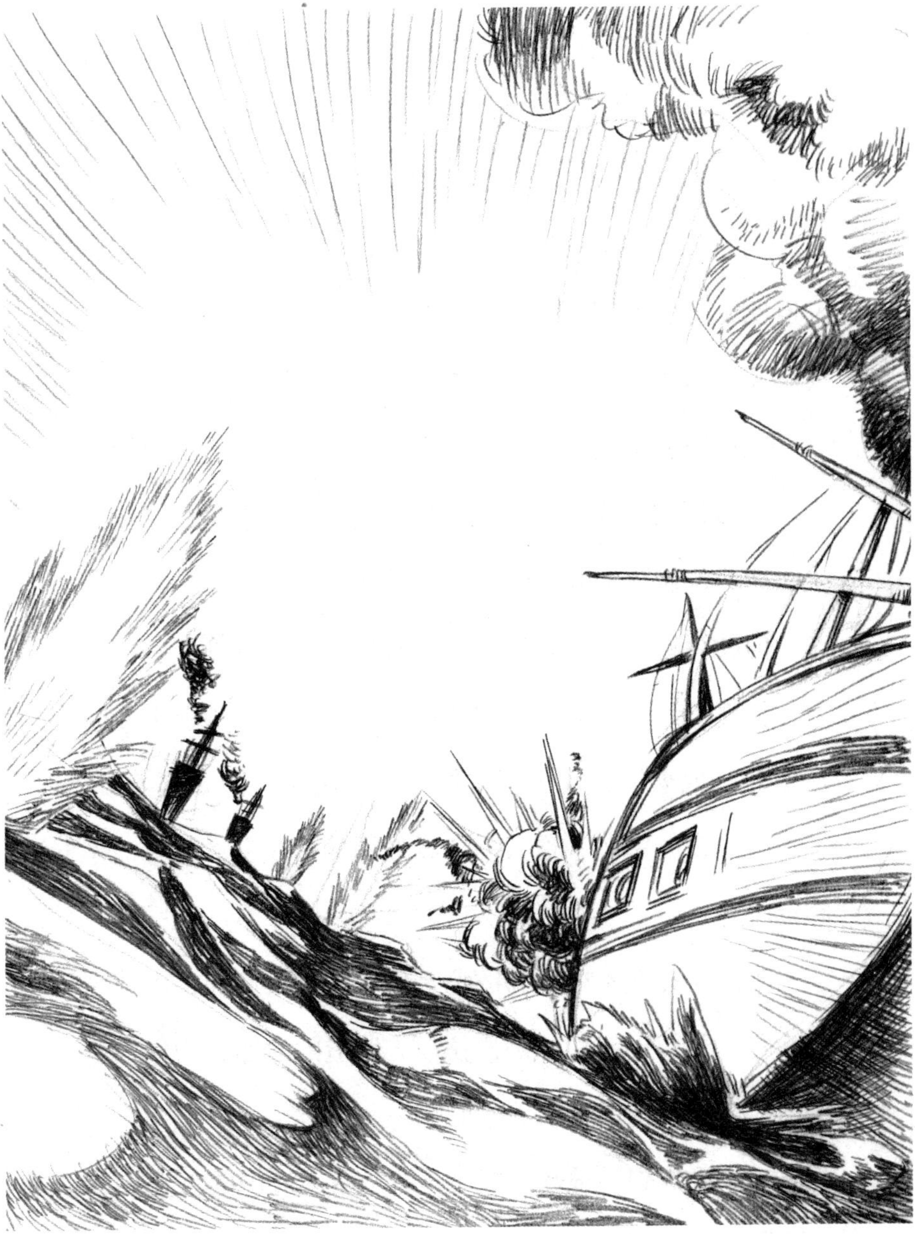

动。可是，主管福建水师的船政大臣何如璋却下令说："不准先开炮，违反命令的人就算打赢了，也要斩首。"

虽已离开扬武号，但这样的命令让詹天佑忧心忡忡，私下对扬武号的舰长张成说："法国军舰来了这么多，居心叵测，虽然我们接到命令不可先行开炮，但我们绝对不能不先行防范。"

他还跟舰上的留美同学黄季良、吴其藻、薛有福等人商量作战计划。受过西方教育的他们，实在无法赞同长官坐以待毙的做法，只得做好防范措施。

但就算这样，在马尾港突然遭到法国舰队偷袭的情况下，仍然不到一个时辰，福建水师的十一艘军舰、十九艘运输船已成火海，几乎全军覆没，马尾船厂同时被轰毁，扬武号也没能幸免，詹天佑昔日的同学黄季良、薛有福等相继阵亡。

当时正在教室中上课的詹天佑看到战火四起，十分痛心疾首，他想不明白中国模仿西方制造的战船，为何不造铁甲船，而要造落后的大木船呢……

来不及细想，他冲入火海，抢救落入海中的将士。

12. 有情人成眷属

在这场中法海战中，詹天佑虽没有直接参战，却因奋勇救人，备受瞩目。当时上海英国商人所创办的《字林西报》，也做了报道："西方人士料想不到中国人会这么勇敢力战，扬武号军舰上的七位留学生中，以詹天佑的表现最为勇敢，他临大敌而毫无惧色，并且在生死存亡的紧要关头，还能镇定如常，鼓足勇气在水中救起许多人……"

虽然中法战争让詹天佑声名大噪，但詹天佑并不觉得开心，因为战争之后，朝廷竟然跟法国公使签订了丧权辱国的《中法和约》①，让这些拼命护卫国家的将士心灰意冷。

战后没多久，詹天佑便被两广总督张之洞聘为广东实

---

① 指1885年中法两国签订的《中法和约》，又称《中法会订越南条约》，共10款，使法国打开了侵略中国的"后门"。

学馆①教习（教授），兼任广东海图水师学堂教习。对詹天佑来说，广东可说是他的第二个故乡，加上这儿离家乡近，可以常常抽空回去探望父母、谭伯伯和菊珍，因此他很乐意接受这份工作。

后来，张之洞对詹天佑越来越器重，请他兼任测量、绘制广东沿海形势图的工作。詹天佑知道沿海形势图的绘制是件重要的工作，便全力以赴，终于在光绪十二年完成。

看了詹天佑所绘制的沿海形势图，张之洞更加肯定詹天佑的才学和做事态度，对他赞赏有加。得到长官的称赞，詹天佑当然开心，但比不上听到唐胥铁路延长到芦台的消息令他兴奋，跃跃欲试的他恨不能立刻插翅飞到北方，贡献他的所学，可惜苦无机会。

有一天，一向勤奋的詹天佑竟然向张之洞请假几天，这让张之洞相当诧异。本以为是他的家里发生了什么重大事情，可是看他红光满面、喜上眉梢的模样，应该不是坏

---

① 广东实学馆：后改名为广东博学馆。

事，便问起他请假的原因。

詹天佑听了傻笑着抓抓头，不好意思地说："其实也不是什么大事啦！只是……我要成亲了。"

"你终于要成亲了！这可是天大的喜事啊！"张之洞抚着长长的胡须笑着说。勤朴认真、才学受到肯定的詹天佑，可是许多官宦人家心目中的乘龙快婿，托张之洞说媒的人可多着呢！要不是因为詹天佑说已有青梅竹马的未婚妻，张之洞早就可以喝到他的喜酒了。不过，虽然早已知道詹天佑的心意，张之洞却仍明知故问："新娘子是那位和你有婚约的青梅竹马，还是换人了？"

"当然是她，怎么可能换人呢？"詹天佑急急声明，不过一看到张之洞的神情后，才恍然大悟，知道他是在逗他的，便又傻愣愣地笑了。

"年纪老大不小了①，你这下终于要成亲了，有情人终成眷属，却连杯喜酒也舍不得请我喝，真是小气啊！"

"我一直想请总督参加我们的喜宴，只是不好意思

---

① 以前的人大部分在二十岁以前都已成亲，詹天佑在二十六七岁才结婚，算是晚婚了。

开口。"

"真的？"

"当然是真的。如果总督不嫌弃，我们还想请总督担任我们的证婚人呢！"

"那有什么问题，就这么一言为定！"张之洞大方地答应。

詹天佑的婚礼是光绪十三年（1887）举行的，由两广总督张之洞福证，冠盖云集，盛况空前。虽然在广东无法让詹天佑一展所学，却让他终于迎娶了青梅竹马的未婚妻谭菊珍，也算是了了人生中的一桩大事。

新婚之夜，詹天佑拿着秤尺掀起喜帕，看到谭菊珍娇美的模样，由衷地称赞道："你真是世界上最美丽的新娘！"

詹天佑的话让谭菊珍不禁红了脸，虽然心里甜滋滋的，却仍低头说："你今天是糖吃多了啊，嘴巴这么甜？"

"才不是呢！我只是实话实说。虽然有人说'情人眼里出西施'，但你真的是我所见过的新娘中，最漂亮的一个。"

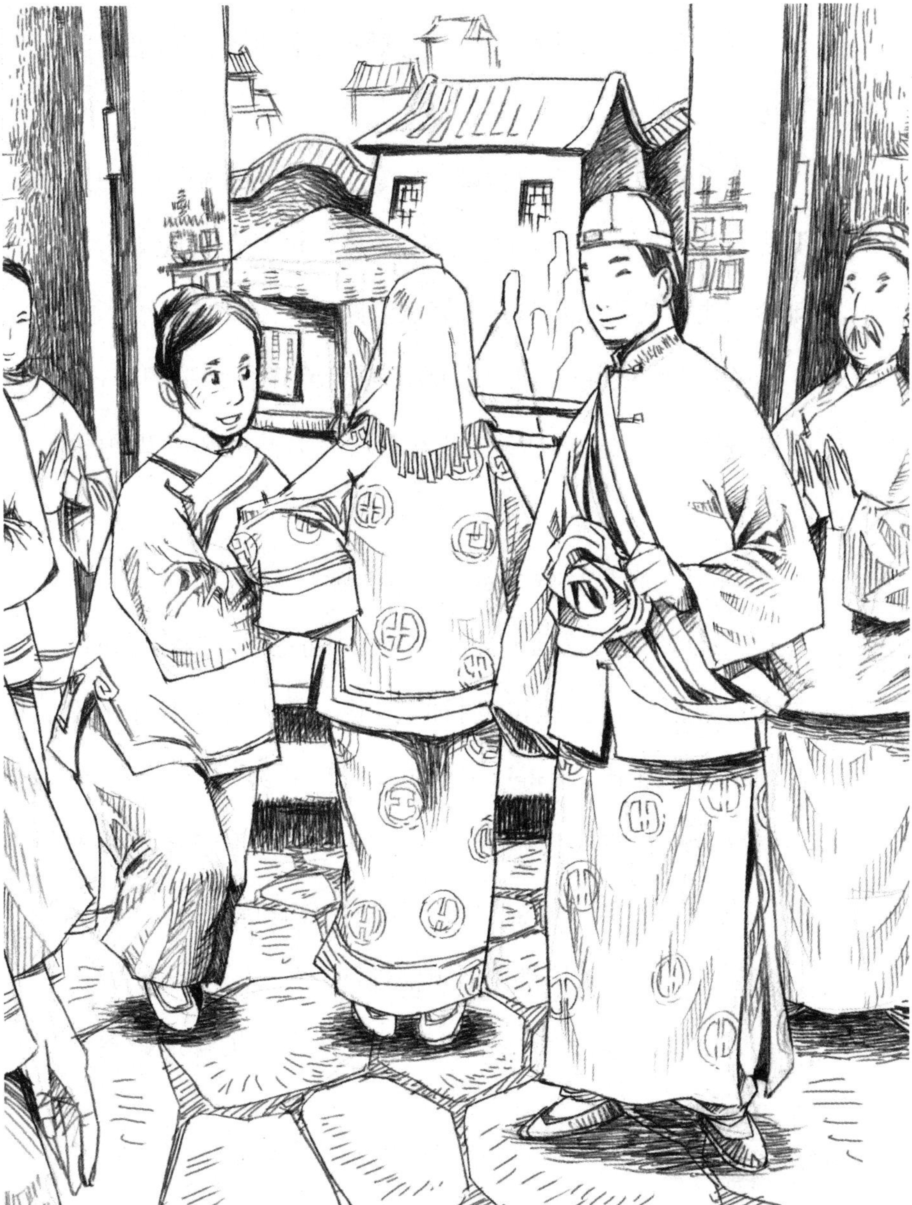

听了詹天佑的话,谭菊珍感到无限甜蜜,心里乐开了花。

詹天佑一边贴心地帮谭菊珍拿下沉重的凤冠①,一边闲聊着说:"今天是我们的大喜之日,可是昨天晚上,我却梦见我被朝廷派到北方去修建铁路。"

讲这话是存心要她生气吗?谭菊珍睁着大眼望着他,心里揣测着。不过,聪明的她才不会为他的毕生理想生气呢!

"你呀,真是日有所思,夜有所梦。"

"可是梦里的感觉十分真实!尤其是梦见我要远行时,你流着眼泪,紧紧地拉着我的衣服,说什么也不肯让我走,使我的脚步沉重得迈不出去。"

谭菊珍看詹天佑别有深意地望着她,不禁扑哧一笑说:"你放心,我才不会哭哭啼啼地拉住你呢!"

"真的?"詹天佑挑着眉不信地问。

"当然是真的,因为啊,我会跟你一起去各地修建铁

---

① 凤冠:是古时候妇女结婚时所戴的冠饰,上面常缀满珠宝,所以非常重。

路，陪你一起完成心愿。"谭菊珍早就知道，为国家修建铁路是詹天佑最大的心愿，她决定支持他，在往后的岁月中陪他共同走过。

詹天佑听了好感动，忍不住激动地说："菊珍，谢谢你，你真是我的贤内助。期望在你的支持下，我的梦想能早日实现。"

"会的，你的梦想一定会实现的！"

13. 崭露头角——滦河铁桥

虽然成亲不到一年,但在詹天佑长期的熏陶下,谭菊珍对国内的铁路修筑情形也十分了解。

她知道在詹天佑回国那年,为了开采唐山煤矿供天津机器局(兵工厂)使用,直隶总督兼北洋大臣李鸿章派人修筑了唐山到胥各庄间大约九公里的矿区铁路。这是中国修筑铁路的真正开始,具有重要历史意义。不过,一些皇亲国戚却以火车经过会"震动山陵(指东陵)"为由,只准用骡马拖车前进,不准延长修筑铁路。当詹天佑将这事当笑话说给她听时,她能察觉出他的谈笑里流露出的一丝愤愤不平。在洋派大臣多次沟通下,第二年朝廷终于同意改用机车牵引,得知这个消息后,詹天佑的心情才好些。

虽然早在光绪二年(1876),铁路已经开始修筑,但铁路毕竟是洋人的东西，因此常成为保守的官僚攻击的对象，所以中国境内兴建的铁路并不多。直到中法战争失败后，朝廷才发现铁路不但利于往来交通、经商贸易，更有利于国防，才在光绪十二年（1886）同意将唐胥铁路延长到芦台，并设立了开平铁路公司，独立经营铁路。

光绪十三年（1887），当铁路修筑到芦台时，为了让铁路发挥更大的效用，决定将铁路再延长到天津，还将开平铁路公司扩大改组为中国铁路公司，由伍廷芳担任总办，负责财务，英国人金达担任总工程师。

国内的铁路事业虽然日渐蓬勃，可是因为中国最初的铁路都是依靠外国人建造的，朝廷只信赖外国人的技术，所以像詹天佑这种学有专精的专业人才，反而被晾在一旁。对于这种情形，詹天佑除了无奈，还是无奈。看到詹天佑像只被禁锢的大鹏鸟，谭菊珍常为他感到心疼不已。

幸亏皇天不负苦心人，在津沽铁路急需用人之际，詹天佑经由在开平矿务局任职的留美同学邝孙谋的推荐，进入中国铁路公司担任工程师，开始了他三十多年的铁路建设生涯。

虽然朝廷一直让他所用非所学，浪费了他七年的时间，但詹天佑仍十分珍惜这个可以施展他平生学问抱负的机会。谭菊珍本来要陪同詹天佑到天津任职的，后来发现怀有身孕，不适合南北奔波，才打消了这个念头。不过离别前夕，两人离情依依，千言万语诉不尽，只能再三叮咛彼此。

"你这次远赴天津，工作再忙，也要记得三餐按时吃呀！"

"你不用为我操心，更远的美国我都去过了，天津算得了什么。倒是你，现在有喜了，更要好好保重！"

"我在家里有公婆照顾，好得很呢！你就甭操心了。"

詹天佑知道她是怕自己挂念她和父母，心里万分感慨，说："日后，要麻烦你帮我向爹娘尽孝道了。"

"我会的，你不用操心。倒是你，要常写信回来！"

"嗯。别太挂念我，只要一有空，我就会赶回来看你们。"

第二天一早，詹天佑挥别了依依不舍的家人，出发到天津就任。

一进中国铁路公司，詹天佑便立即投入津沽铁路的筑路工作。

虽然在总工程师金达的身边做事，詹天佑的学识、经验都有很大的长进，可是他对未来有更高的期许，常常一边工作一边暗自想："希望有一天，修筑铁路的工作可以完全由中国人自己来完成。"

当詹天佑听到金达要他负责塘沽到天津的筑路工作时，非常兴奋。虽然这段路的工程异常艰难，但他仍全心投入，精心设计，终于克服困难，以高标准完成了路基、道床的修建，而且只用了七十九天就完成了塘沽到天津的铺轨任务。

当李鸿章到天津主持通车仪式时，除了赞赏金达领导有方之外，还特地夸奖詹天佑说："詹大人真是年轻有为啊！看不出是第一次负责铁路工程。"

努力的成果能得到长官的肯定与称赞，詹天佑的心里有说不出的开心，恨不能将满心的喜悦与家人分享。幸亏工作已告一段落，可以让他返乡探亲。

回到家乡没多久，他的第一个女儿就诞生了，全家人

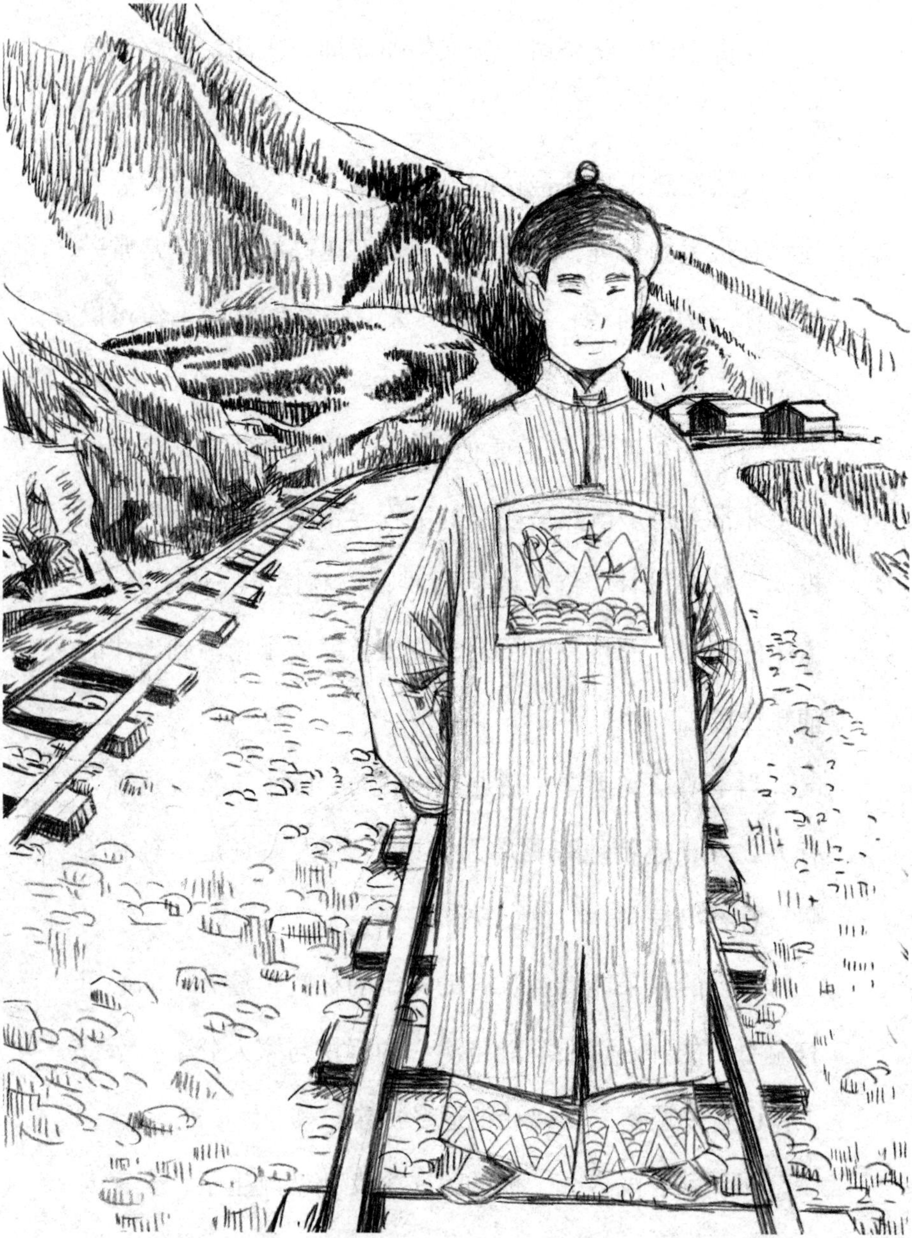

都很开心,为她取名顺蓉。可是,才过了一星期,詹天佑便再次告别家人,返回他"事业的故乡"——天津,继续从事铁路的修筑工作。

光绪十六年(1890),三十岁的詹天佑负责唐山至古冶的修筑工程。这次因有李鸿章等大臣的支持,所以朝廷才拨下充裕的修筑经费。为了把握这个难得的机会,让铁路的修筑能早日顺利完成,詹天佑全心地投入工作中。因此,在谭菊珍怀上第二胎后,他就返回工地,一直到第二个孩子满月了,他才有时间抽空回家一趟。

当他抱着刚满月不久的儿子时,高兴地对妻子谭菊珍说:"我们现在可是有儿有女万事足了。"

谭菊珍心有同感地点点头。可是,已经两岁的顺蓉却觉得被冷落了,立刻紧拉着詹天佑的衣角,撒娇说:"爹,抱抱!"

詹天佑将儿子交给妻子,开心地抱起女儿说:"啊!小顺蓉长高了喔!"

"我是大人了哦!"顺蓉得意地强调说。

詹天佑认真地打量女儿后,说:"小顺蓉真的像个小大人呢！真是太棒了，爹决定送你一个礼物。告诉爹，你要什么样的礼物啊？"

"我要火车！"

"小顺蓉为什么会想要火车呢？"詹天佑诧异地问。

"可以坐火车去找你啊！"

詹天佑没有想到小小年纪的女儿，竟然会说出这样的话来。但他猛然心有所悟，转头望着妻子，无尽的思念在彼此的眼底无声地传送。

除了帮女儿做小火车外，詹天佑还做了许多轮船模型让女儿当玩具。之后，他才又回到工作岗位，为中国的铁路工程继续努力。

光绪十八年（1892），从天津到山海关的津榆铁路修到了滦河，要造一座横跨滦河的铁桥。尽管滦河河床泥沙很深，水流又急，却仍有许多先进国家抢着兜揽这桩生意。担任总工程师的金达，当然以他的祖国英国为第一优先。

金达本来以为，滦河铁桥由号称世界第一流的英国工程师负责，绝对万无一失，没想到竟然失败了。诧异万分之下，他改请日本工程师，却仍无法完工。遭遇挫折的他紧张万分，又改让德国工程师出马，但没多久，德国工程师也败下阵来。眼看工期就要到了，却还没找到解决办法，让金达苦恼得不知如何是好。

这时，詹天佑竟然毛遂自荐说："金达先生，请让我试试看。"

金达诧异地看着詹天佑，虽知道眼前的这个人做事非常认真负责，但谈到科学技术，金达跟许多洋人一样，根本不把中国人放在眼里，就算詹天佑是留学生也一样。更何况，英、日、德这些科技先进的国家的工程师，都不能解决滦河铁桥的问题，中国的工程师当然更不可能。

可是，他又想不出其他法子，只好同意："好吧，就让你试试看吧！"

詹天佑是个认真踏实的人，他虽然是个留学生，却不迷信外国的技术，在汲取英日德工程师的失败经验、分析总结他们的失败原因后，他又亲自倾听参加过施工的技术人员的意见，然后跟着工人一起实地调查，仔细测量研究滦河河床的地质土壤构造，以取得第一手资料。

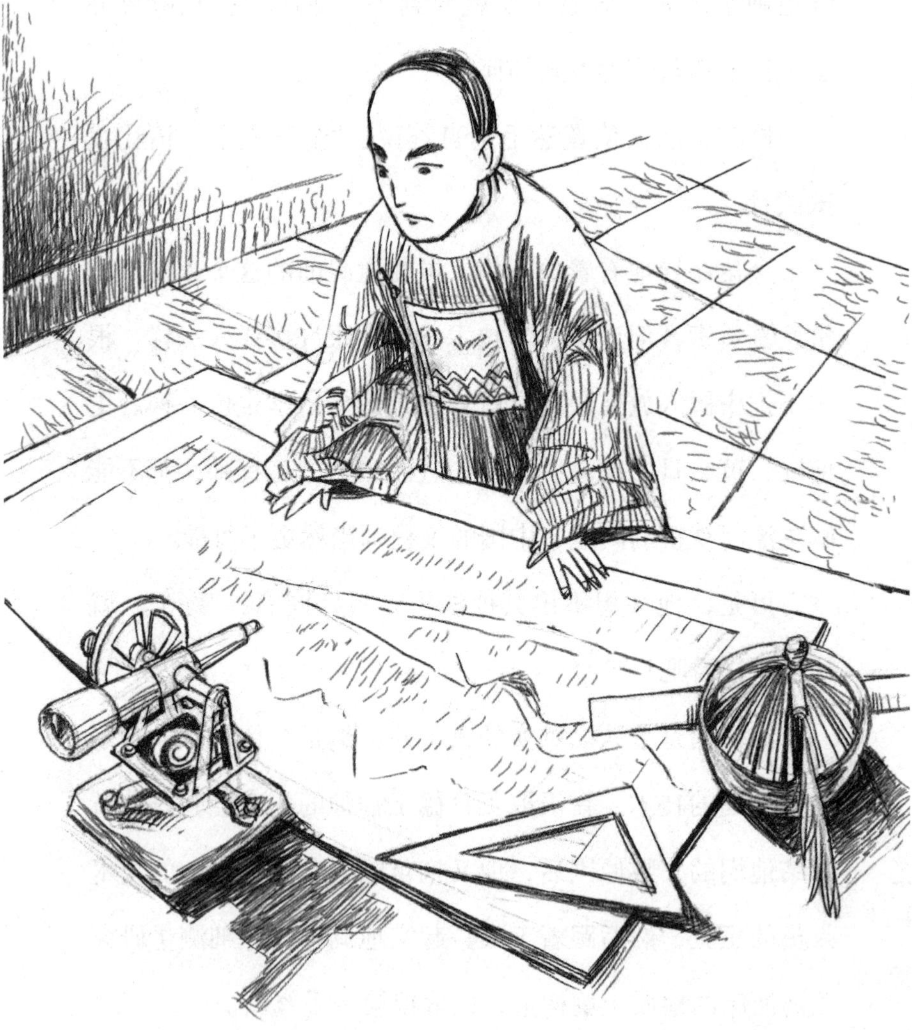

经过反复比较分析三国工程师的设计方案和打桩方法后,他才确定桥墩的位置,并且大胆采用"气压沉箱法"的技术进行桥墩的施工。他用中国传统的方法,以潜水员潜入河底,配合机器操作,顺利完成了打桩任务。最后,终于战胜滦河的急流和泥沙,建成滦河铁桥。

这件事震惊了世界,因为一个中国工程师竟然解决了三个外国工程师无法解决的大难题,令外国工程师不得不对他刮目相看。

这年,詹天佑还有另一件喜事,那就是他的第二个儿子文琮诞生了。之后连续两年,他又添了两个女儿。不过忙碌的他,没有时间回家陪伴妻儿,只好常常写信,借着书信往返,以解思乡之苦。

14. 独挑大梁——新易铁路

光绪二十年（1894），对詹天佑来说，是值得纪念的一年，因为他被选入了英国土木工程师学会，是获得这项荣耀的第一位中国工程师；但对清政府来说，却是悲惨的一年，因为这年爆发了中日甲午战争[①]。

被打得落花流水的清政府，在第二年和日本签订了割地赔款、辱国丧权的《马关条约》后，痛定思痛，决定以"自强"为号召，推行新政。

新政当然包含了铁路的修建，而学有专精的詹天佑是督导铁路修筑的当然人选。但因朝廷积习难改，所以不论是津芦铁路还是锦州铁路的修筑工程，赫赫有名的詹天佑

[①] 中日甲午战争：光绪二十年的七月二十五日，中国和日本爆发了战争，两国舰队在黄海交战。日本虽然是小国，却有一支新式装备的舰队，把只有一些木制战船的清朝水军打得毫无招架之力。清政府吓坏了，只有向日本求和，签订了《马关条约》，除了赔款2亿两白银外，还割让台湾岛、澎湖列岛给日本。

仍屈居在洋人工程师之下。

光绪二十六年（1900），詹天佑主持锦州段的铺路工程，却因"八国联军"打来了，天津、北京大乱，关内外铁路被英、俄占领，被迫停工。

最后，清政府为了向八国求和，签订了《辛丑条约》，答应赔款4.5亿两白银，同意各国许多不合理的要求，八国才撤兵。

詹天佑气愤得流下泪来，他明白国家积弱不振，是近几年来跟任何一个国家打仗都未曾赢过的根本原因。

而近乎天价的赔款金额，每一分钱都来自于民膏民脂，看来老百姓的生活又要更加困苦了。如果能将每次战败后给各国的巨额赔款，拿来建设国家的话，他相信国家一定比现在富强多了，但……唉！

"八国联军"后，败得灰头土脸的慈禧太后心情非常低落，大臣袁世凯想讨她欢心，便向她提议在西陵一带，铺设一条专供皇室祭祖用的新易铁路，这样皇室要去西陵祭祖时，就可以减少舟车劳顿。

没坐过火车的慈禧太后听了很心动，立刻下旨办理，要袁世凯六个月内完工。

袁世凯本来想依照以往的惯例,聘请洋人工程师来负责这件事,可是因这条铁路的修筑时间太短,加上当时正值冬季,河面结冰施工困难,更兼没什么利润和政治价值,因此,洋人工程师们都缺乏兴趣,没人想接下这份工作。

找不到工程师的袁世凯赌气地说:"我就不信,修建铁路非你们洋人不可!"

这时,他想到了詹天佑,立刻派人把他找来,说:"詹大人,从现在起,朝廷任命你为新易铁路的总工程师。这条铁路是老佛爷①明年到西陵祭祖要用的,所以你一定要在六个月内完工。"

"六个月内完工?"詹天佑虽然曾听过一些新易铁路的传闻,却没想到这个任务会落到自己的头上。他知道这是一件不容易完成的任务,更知道容不得他拒绝。不过,他也不想拒绝,因为他想借这件事向朝廷证明,中国可以用

---

① 老佛爷:慈禧太后被称作"太后老佛爷"。

自己的人力、财力建设铁路，不一定非要借洋债、用洋匠。因此，他坚毅地说："遵命！"

尽管新易铁路的实用价值不高，却是中国人自己修筑铁路的开始，因此詹天佑非常重视。他知道这条全长约四十二公里的铁路要想在六个月内完成，从测线、筑路、铺轨到通车，按照以往的经验是不可能的；加上材料缺乏，又碰到施工困难的严冬季节，要完成任务，并不是件容易的事。但他仍本着"人定胜天"的信念认真去做。

为了克服材料短缺的问题，他借用了关内外铁路①的旧钢轨做岔道，加大了枕木间的距离，还搭建临时便桥跨越两条河道；为了能如期完工，他带领着全体工作人员，日夜赶工。最后，他用了四个月的时间和极少的费用，完成了新易铁路。

光绪二十九年（1903）四月，新易铁路高品质地提早完成通车，让慈禧太后非常满意。但慈禧太后完成此次祭

---

① 关内外铁路：是北京与沈阳之间的铁路，1907年改称京奉铁路，现称为京沈铁路。

祖后，这条铁路就再也没被用过，后来在抗日战争期间被拆毁，用于其他铁路。

不过，新易铁路对詹天佑来说意义重大，是它为朝廷和中国人树立了自建铁路的信心。

15. 主持京张铁路

张家口是北京通往内蒙古的要冲，也是南北商旅往来的要道，自古以来，一直是兵家必争之地。因此，光绪三十年（1904），为了加强西北国防，督办铁路大臣袁世凯奏请朝廷同意，修建一条从北京到张家口的铁路，就叫作京张铁路。

因为修建京张铁路是个大工程，有丰厚的利润可图，所以消息传出后，许多国家都费尽心思想承包这项工程，其中以英、俄两国抢得最激烈。

英国以这条铁路是要向英国银行贷款为由，要求让他们承办京张铁路；俄国则以中俄密约中曾经约定"长城以北的铁路，不得由他国承办"为理由，要求承办。英俄两国为了确保在中国的势力范围①，对筑路权争执不休，弄

---

① 19世纪末，帝国主义对中国进行了疯狂的侵略和掠夺，划定各自的势力范围，到处抢修铁路，作为对中国政治与经济的侵略之用。因此，才会发生英俄两国对京张铁路筑路权之争。

得清政府头痛不已。

在英俄两国政府的一再要挟下，不胜其扰的清政府最后不得不宣布："我国决定京张铁路的建造，不借外债、不用洋匠，全部由中国人自己修筑和经营。"

可是，当时中国铁路的技术人才不多，虽然曾独自完成了几条难度较低的铁路，但要靠这点知识、经验和技术来完成京张铁路，几乎无人相信。因此听到清政府的决定时，英俄两国都觉得清政府是在说大话，便派使臣威胁说："如果你们决定京张铁路由中国自己建造，那么与我们英俄两国无关，到时遇到难题，别想找我们帮忙！"

这话听起来既刺耳又令人气愤，但袁世凯其实也怕事情真的演变成那样，而使中国沦为国际笑柄。为了避免这种情况发生，他认为担任京张铁路总工程师一职的人，一定得是个经验丰富、学有专精、坚忍不拔的人。经过一番深思熟虑后，返乡守父丧的詹天佑成了他的第一人选。

詹天佑不是不知道，从北京到张家口，沿途大部分是高山峻岭，尤其是居庸关、青龙桥到八达岭，这段路线地势步步升高，尽是悬崖峭壁，在这样的地形上修建铁路，连洋人也不一定有把握，更不用说科技落后的中国了。但是，他决心为中国人争一口气，毅然承担起这项艰巨的任务。

不过，他的豪情壮志却被一些瞧不起中国人的洋人说成是狂妄自大、不自量力，他们甚至还在报纸上嘲讽："能建这条铁路的中国人恐怕还没出世吧！中国想不靠外国人的力量，自己修这条铁路，就算能成真，最少也得再等五十年……"

各种冷嘲热讽虽然让詹天佑备感压力，但他仍不退缩，反而更下定决心要建一条"花钱少、品质好、完工快"的京张铁路，好让洋人对中国刮目相看。

俗话说："工欲善其事，必先利其器。"詹天佑觉得要如期建好京张铁路，必须先拥有一支专业的工作团队。于是他找来北洋武备学堂附设铁路工程班学员、山海关北洋铁路官学堂毕业生、关内外熟练铁路建筑技术的工人，组成他的工作团队。在严格的培训后，这些人不但成为他建筑京张铁路的好伙伴，日后也成为中国铁路建设工程的重要人员。

光绪三十一年（1905）九月，京张铁路正式开工，忙碌的探勘、选线工作正式开始。

为了找寻一条比较理想的路线，詹天佑亲自率领测量队，背着标杆和经纬仪等测量仪器，日夜奔波在崎岖的山岭上、峭壁上。他们精心测量，定点制图，时常遭遇狂风怒号，风沙弥漫，一不小心就有跌入山沟的危险。在这种恶劣环境下，他们不怕艰苦，始终坚持工作。

一天傍晚，猛烈的西北风卷着砂石在八达岭一带呼啸怒吼，刮得人睁不开眼睛，测量队的成员急着结束测量工作，便随意填了个大约的数字，就从岩壁上爬下来。

詹天佑接过本子，一边翻看填写的数字，一边疑惑地问："数字准确吗？"

冷得发抖的测量队员一边搓着手取暖，一边回答说："差不多。"

"怎么有'差不多'这种轻率的做事态度呢？"

詹天佑立刻以身作则，背起仪器，冒着风沙，重新吃力地攀到岩壁上，认真地复勘了一遍，修正了一个极小的误差，才慢慢爬下来。

测量队的队员看他下来时嘴唇都冻青了,便疑惑地问:"詹大人,误差又不大,你何必辛苦爬上去重新测量呢?"

詹天佑严肃地说:"技术的第一要求是精确,绝对不可含糊草率。"

如此严谨的做事态度,使得詹天佑所选定的路线,比外国工程师所选定的,隧道长度短了二千多米。他把全线分为三段,丰台到南口为第一段,南口到岔道城为第二段,岔道城到张家口为第三段。

为了节省时间、金钱,詹天佑决定一边筑路基一边铺轨。

光绪三十一年(1905)十二月十二日,在丰台开始铺轨前进,以便运输材料,由詹天佑亲手钉下这划时代的第一口道钉。不过铺轨没多久,就发生一起工程列车因车钩链子折断而翻车的事件。这成了中国没有能力自己建造京张铁路的证据,各种诽谤中伤的言论纷纷涌来。

清政府是在万不得已的情况下,才决定自己修建京张铁路的,其实并没有多大的信心。因此发生此事后,督办铁路大臣袁世凯非常紧张，日本雨宫敬次郎便趁机游说他："中国人没有建京张铁路的能力，还是让我们日本工程师来做吧！"

在修建铁路方面，一向受清政府倚重的英国工程师金达也帮日本人说话，使得袁世凯意志动摇，立刻把詹天佑找来，说："詹大人，当初你接下京张铁路总工程师的工作时，说你有法子将铁路建好，怎么才开工没多久，就发生工程列车翻车事件了呢？如果你做不到，我们不如早点请日本人接手……"

"万万不可啊，大人！我们早已对国际发布消息，说京张铁路的建造不借外债、不用洋匠，全部由我们中国自己修筑和经营，怎么可以出尔反尔，自打嘴巴呢？何况经下官调查，意外的发生只是因为这段路的坡度太陡，造成车钩链子无法承受每节车厢的重量，所以才发生工程列车翻车的事件。"

知道原因并没有让袁世凯松口气，反而令他更加惊慌失措，因为他知道第一段工程的坡度虽陡，但跟第二段经居庸关、青龙桥到八达岭的工程相比，算是小巫见大巫了。而现在就出问题，那以后该怎么办呀！"

"如果不用日本工程师，你可有办法解决？"

"有，而且解决的办法并不难。在美国有一种自动车钩，可以使火车车厢间的连接更牢固，行车更安全。如果我们用自动车钩取代链子车钩，应该能解决这个问题。"

"如果只要用自动车钩，就可以解决车厢脱节的问题，那你就赶快去做吧！"

自动车钩果然解决了车厢脱节的问题，使得第一段工程顺利地在一年内完成通车，算是个好的开始。

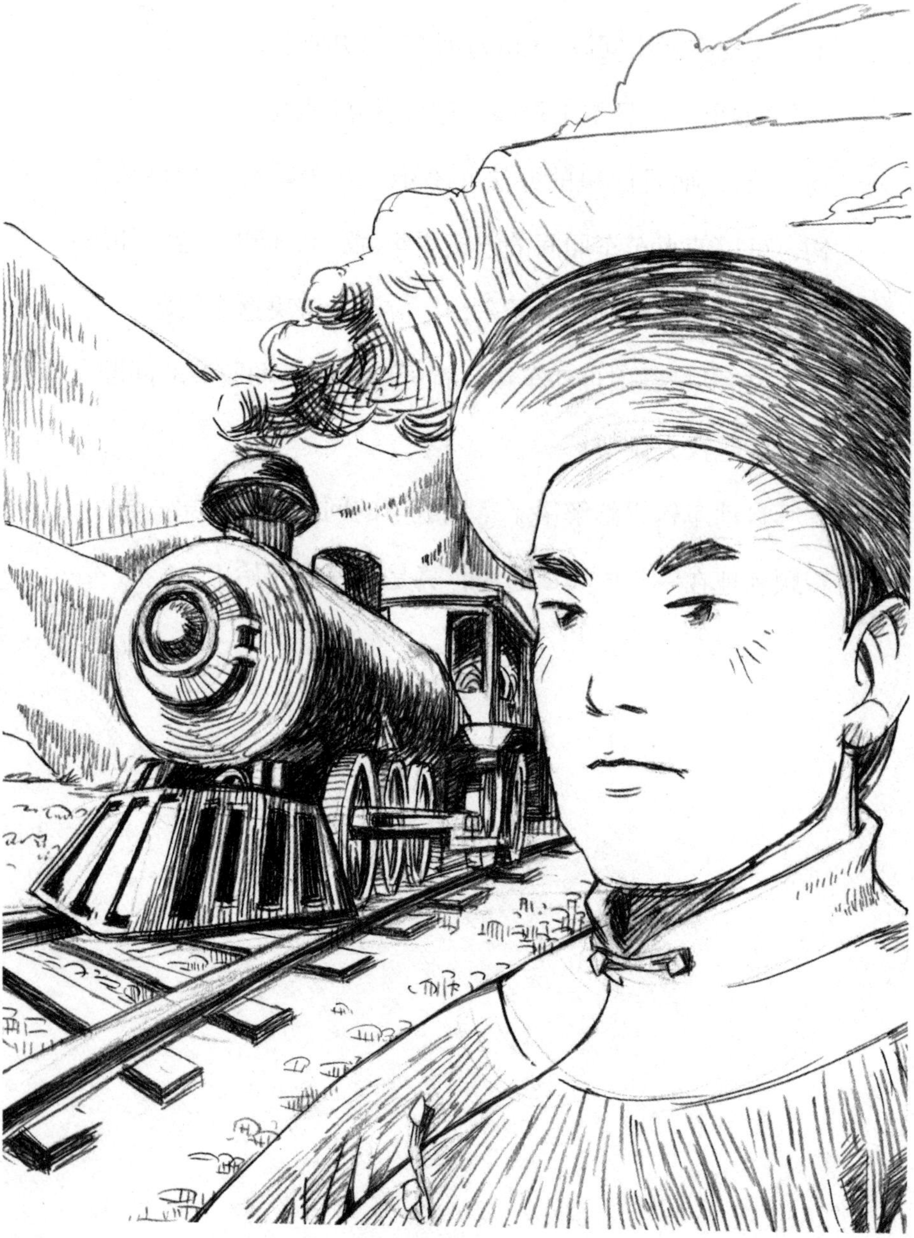

16. 完成不可能的任务

第一段工程顺利完工后，为了鼓舞工作人员的士气，清政府举行了一个小型的庆功宴。庆功宴后，詹天佑回到了工地的竹棚，那是他现在的家，虽然里面很简陋，却是他真正的家，因为他的家人全住在里面。

自从接任京张铁路的总工程师后，忙碌的工作让他没空回乡探望家人，虽然妻儿体谅他的辛劳，并不抱怨，但他自己无法忍受日日思念家人的痛苦，忍不住写信跟妻子谭菊珍说："真想念你跟孩子们，要不是工地的居住环境太差了，还真想你们搬来这里……"

谭菊珍看完信，回信说："居住环境差一些有什么关系，只要全家人能在一起，便是天堂。"

然后她毅然带着孩子北上，搬进了工地的竹棚居住。铁路修到哪儿，全家就住到哪儿，让詹天佑无后顾之忧，全心全意投入工作中。

"回来啦！"谭菊珍的关心，总能让詹天佑的心里感到无比温暖。

"嗯，孩子们呢？"

"睡了。"谭菊珍倒了杯水给詹天佑润润喉，才又接着说："恭喜你，京张铁路的第一段工程终于顺利完成了。"

不料，詹天佑只是淡淡一笑，说："第一段工程虽然顺利完工了，但接下来才是最大的考验。"

"哦？为什么？"

"因为第二段工程是京张铁路中最艰巨的一段，沿途不但山峦重叠，还有陡壁悬岩，尤其是居庸关和八达岭两个隧道工程，不仅要有丰富的经验、精密的测量，还要有新式的开山机、抽水机、通风机等机械设备，而这些机械设备我们都没有。"

"那怎么办？"谭菊珍焦急地问。

詹天佑苦笑着说："只好用人力来开凿了。"

"不能请朝廷购买吗？"

"朝廷说国家财政困难，要我自己想办法。"

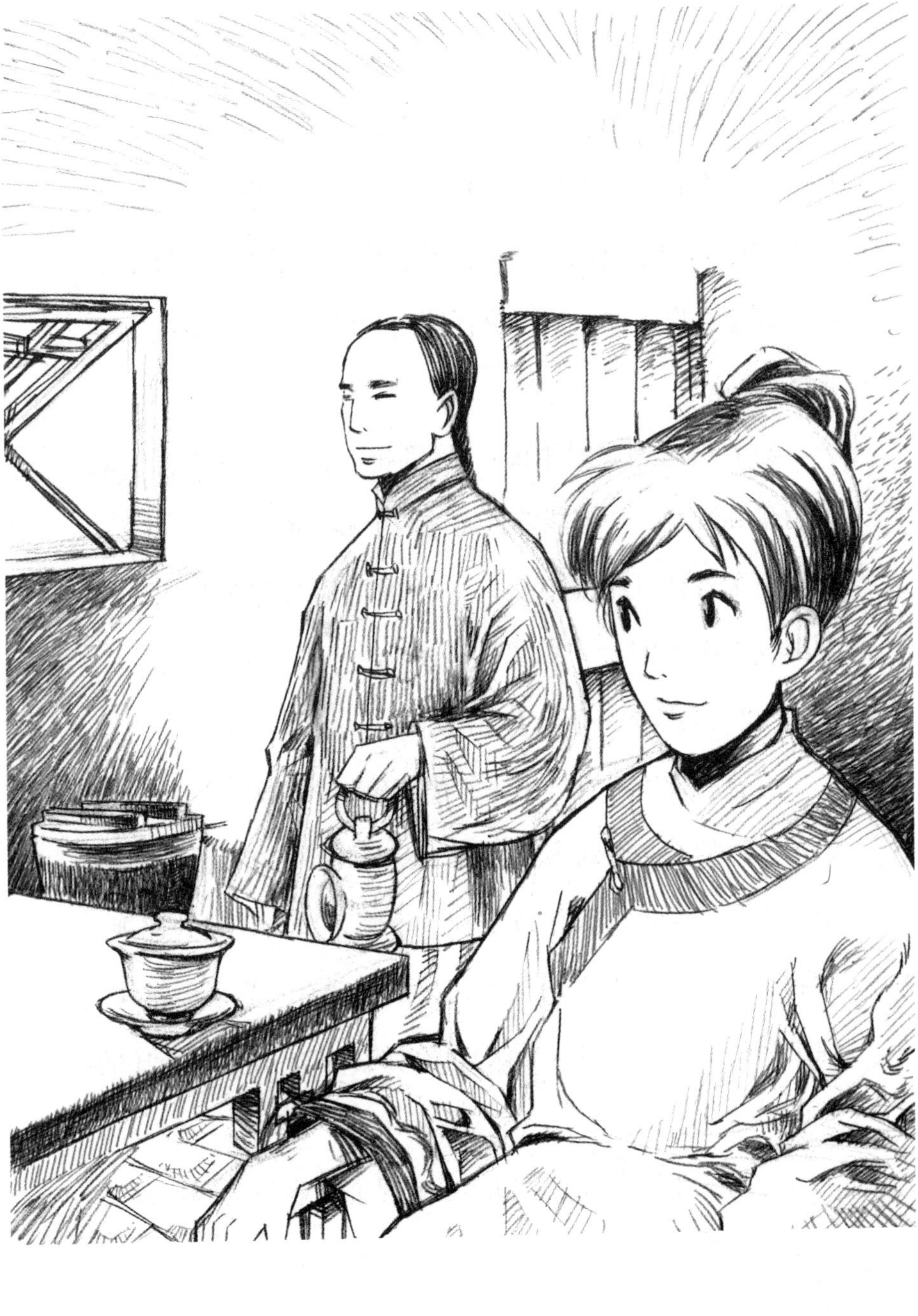

"既然国家财政困难,为什么朝廷还能每年花一大笔钱,去整修颐和园呢?"见詹天佑欲言又止的模样,冰雪聪明的谭菊珍立刻明白,把持政权的老佛爷宁愿花大笔银子整修颐和园给自己享受,也不愿拨经费买机器、修筑铁路,让老百姓方便。对于这样腐败的政府,她也只能无奈地一叹。

詹天佑立刻安慰她说:"你别担心,我相信集合大家的力量和智慧,一定能够打通这两个隧道的。"

谭菊珍信任地点点头,说:"你早点歇息吧!明天还要继续工作呢!"

"我出去巡视一下,你先休息。"

看着詹天佑提着灯出去,谭菊珍并未拦阻,因为这是他每天睡觉前必做的事。所有工程人员都住在简陋的竹棚中,为了安全,詹天佑总是在大家睡了以后,四处巡视,看看有没有忘了熄灭的灯火;甚至发现有人忘了盖被子,他也会帮忙盖上。对这样认真负责的丈夫,她感到无比的骄傲。

光绪三十三年(1907),当工程进行到最为艰巨的关沟地段时，詹天佑决定开凿四个总长一千六百四十四米的隧道，其中难度最高的是八达岭隧道和居庸关隧道。

自古以来，八达岭就是交通要道，山势敧斜，石质坚硬；工程队需从中挖出长一千零九十二米的隧道。这将是京张铁路所有隧道中，山洞最长、施工最困难的一段。詹天佑经过精确测量计算，决定采用两端对凿法和竖井施工法开挖。所谓两端对凿法，就是从山的南北两端同时对凿；竖井施工法，就是在山的中段开一口大井，在井的两端再向南北对凿。这样既保证施工品质，又加快了施工进度。

凿洞时，坚硬的石块全靠人工一锹锹地挖，涌出的泉水要人工一担担地挑，身为总工程师的詹天佑毫无架子，在指挥工作之余，和工人一起挖石，一起挑水，就算汗流浃背满身污泥也乐在其中。在上下齐心的努力下，世界闻名的八达岭隧道只用了八个月就打通了。

居庸关隧道虽然没有八达岭隧道长，但因地势更高，土质松脆，所以施工同样十分困难；遇到下雨，满地又是泥又是水的，更难开凿。詹天佑费尽心思，用许多根大木头支撑山壁，慢慢开挖，终于开通。

隧道挖通后，詹天佑紧接着面临的另一个难题，就是如何在八达岭这个陡峻的山势上建筑铁轨。他知道，如果采取常用的螺旋路线①，动力再强的火车头也无法拖动整列火车从山脚翻过山顶；可是，如果不用螺旋路线，又该怎么做呢？

一天，詹天佑边绕山观察山势，边思索该如何解决这个难题时，他的部属小声地对他说："大人，那些外国工程师又来偷看了。"

自从隧道工程开工以来，外国工程师们就常借着打猎之名，来偷看工程进度。詹天佑知道他们一直想看到他的失败，但他不会让他们如愿的。

"不用理会他们。"詹天佑淡淡地说。

可是，他不去招惹人家，并不表示人家就不会来招惹他。

---

① 螺旋路线：因为山坡的坡度太陡，爬山就会非常费力，因此一般的山路都会采"螺旋状"，使路面不会太陡；虽然走螺旋状的路，比直接走到山顶的距离更远，但是却比较省力，所以高山铁路常采用此法。

那些外国工程师拥上前来，一阵虚假寒暄后，不甘心地说："詹大人，真没想到你一个中国人，竟然能完成这么艰巨的隧道工程。"

詹天佑听出他的话里对中国人的轻蔑，便平静地说："这是靠全体工作人员的通力合作，不是我一个人能独立完成的。"

"不过，如果火车开不到山顶，就算隧道挖通了也没用啊！"

詹天佑听了暗自心惊，没想到这些外国工程师的消息这么灵通。他故作沉稳地说："我们会想到解决的办法的。"

"哦——那，我们就拭目以待吧！"

那些外国工程师不以为然地笑了笑，扬长而去。

部属们见到他们盛气凌人的模样，个个气得牙痒痒，说："大人，那些洋人真是过分，太看不起我们中国人了！"

"那我们就将京张铁路建好，让他们不敢再看不起。"

"好！"众人豪气万丈地喊完后，突然想到一个迫切的问题，小声地问："大人，您想到在这个陡峻的山势上建筑铁轨的办法了吗？"

众人见詹天佑摇摇头，万丈豪情全消失得无影无踪。

"惨了！这个难题不解决，京张铁路就无法完工，我们绝对会被笑死的！"

费了那么多的心力，克服了那么多的难关，却因这个难题而前功尽弃、功亏一篑，詹天佑的心里万般不甘，却又无可奈何。望着远处挑着东西上山的挑夫，他茫茫然不知所措。

当视线里那挑夫的身影消失在山顶上时，他觉得这些挑夫真是厉害，竟然可以克服山坡陡峭的困难，将这么多重物一步一步地挑到山上去，如果火车也能如此就好了。

忽然，他灵机一动，高兴地喊着："我有办法了！"

"大人，您有什么办法？"众人期待地问着。

"我们铁轨的铺设路线，可以效法挑夫，采用'之'字形路线，使倾斜度大大降低，这样就可以解决地势陡峭的问题了。"

"这真是绝妙的好计呀！"

詹天佑立刻根据八达岭附近陡峻的地形，在山多坡陡的青龙桥地段，巧妙地设计了"之"字形铁路，降低坡度，解决了在地势陡峭的地方难以铺设铁轨的问题。他还考虑到火车动力的问题，决定火车开到这里时，配以两台大马力火车头，前拉后推，增加牵引力，使列车能安全上坡，稳稳地开到山顶。

克服了第二段工程的艰巨问题后，所有工作人员更有信心去面对第三段工程的各种难题。

在宣统元年（1909）五月，京张铁路终于完工了。

完工的那一瞬，詹天佑和全体工作人员流下了欣喜的泪水，兴奋地大声欢呼："我们做到了！我们完成了不可能完成的任务！"

八月十九日，京张铁路举办大规模的通车典礼。一时人山人海，中外来宾挤得会场水泄不通，大家都想来看完成这项艰巨任务的大功臣——詹天佑的庐山真面目。

邮传部尚书徐世昌上台致辞时，对詹天佑赞许有加。因为京张铁路不但比原定六年的时间提早了两年完工，创造了多项当时的世界第一，而且总费用只有外国承包商报价的五分之一，为国家省下了许多银子；更重要的是，它振奋了民心士气，增强了中国人的自尊心和自信心。

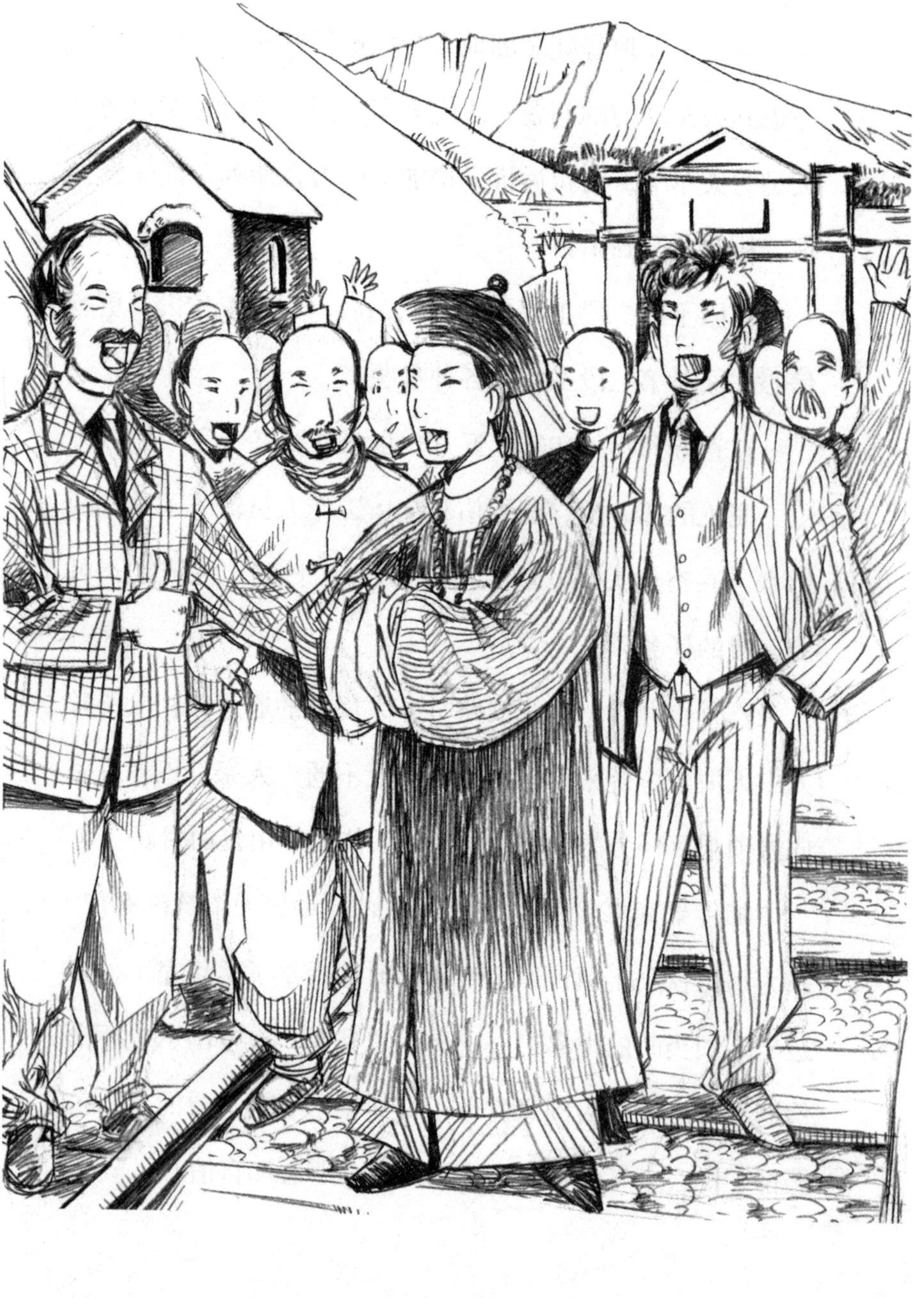

一些原本不看好詹天佑的外国工程师，乘着火车参观京张铁路后，深深觉得整个工程真是一项绝技，忍不住竖起大拇指称赞詹天佑："你真了不起！"

能令洋人刮目相看，詹天佑满心欢喜，但他知道如果不是全体工作人员胼手胝足、齐心努力，单凭他个人的力量是无法完成这项巨大工程的。因此，他由衷地说："这功劳是属于修筑京张铁路的所有人员的，不是我个人的。"

京张铁路提升了中国工程师的地位，更将詹天佑个人的事业推向了高峰。朝廷因此赐给了他"工科进士第一名"的封号，他还当选美国工程师学会会员，在他之前从来没有中国人入选过。不过，詹天佑并没有被蜂拥而来的赞美和荣耀冲昏头，在京张铁路完成后，他接任粤汉铁路督办兼总工程师，为修建中国铁路继续奋斗。

在上任前，他和妻子谭菊珍搭乘火车，为他呕心沥血的杰作做最后的巡礼。因为陪他一起走过，所以谭菊珍更能明了，完成京张铁路是多么不容易！因此她由衷地向他道贺："恭喜你！"

"谢谢！"詹天佑紧紧地握着谭菊珍的手，接着说：

"更谢谢你陪我渡过所有的难关。"

谭菊珍俏皮地笑着说:"这是我的荣幸!"

"这更是我的荣幸!"詹天佑充满真情实意地说。

浓浓的情意,让夫妻俩绽放出幸福的笑容。

谭菊珍接着想到,美国决定颁给詹天佑工科博士学位,并要他亲自去美国参加授衔仪式的事情,于是问他:"你决定去美国参加工科博士学位的授予仪式吗?"

"我很想趁这个机会带你到美国,看看他们出神入化的各项科学技术,见识他们新奇便利的各项现代化建设,可是……"

"可是粤汉铁路快要开工了,探勘、选线工程要赶紧进行,所以没空去。"谭菊珍气定神闲地接着说。

"你怎么这么清楚?"詹天佑诧异地问。

"当你的妻子也不是一天两天了,你的个性我还会不清楚?既然你不重视这些虚名,就别理会它,专心从事铁路建设吧!"

"谢谢你!只是又要辛苦你陪我住工地竹棚了。"

谭菊珍摇摇头说:"我说过,只要全家人在一起就是天堂，再多的辛苦也甘之如饴。所以你就放手去做吧！"

有了妻子的全力支持，詹天佑更是尽心地从事铁路建设，担任许多条铁路的总工程师和顾问，为国家早期的铁路事业四处奔波忙碌。

在他修筑铁路的三十多年当中，几乎和当时国内的每一条铁路都有不同程度的关系。他不但培育国内的工程师，还努力引进外国铁路系统的新技术和新设备，建立先进的管理办法，更倡导统一中国铁路的工程标准，参与中国铁路的法规建设。

总而言之，詹天佑为中国铁路史写下了光辉灿烂的一页。

詹天佑小档案

1861 年　出生于广东南海县。

1872 年　参加容闳主持的幼童留学美国计划选拔，面试获录取。后入"幼童出洋肄业局"所办的预备学校，学习中、英文和美国的风土民情。同年，从上海启程前往美国。

1873 年　进入威士哈芬小学读书。

1875 年　考进了纽哈芬希尔豪斯中学。

1878 年　以班上第一名、全校第二名的优异成绩毕业。

1878 年　以优异的成绩进入耶鲁大学，修读土木工程，并专攻铁路工程。

1881 年　以《码头起重机的研究》的论文从耶鲁大学毕业，获得土木工程学士学位。同年，因清朝政府撤回所有留学生，于是随众人回国。回国后，被派到福建船政学堂，学习驾驶轮船。

1885 年　调往广东实学馆任教。

1887 年　与谭菊珍结婚。

1888 年　参与津沽铁路的建设工程，得以学以致用。

1894 年　完成滦河铁桥，是东亚最先采用"气压沉箱法"施工的铁路桥。同年，获选为英国土木工程师学会会员。

1902 年　建造新易铁路，是中国人自己修筑铁路的开始。以四个月的时间完成。

1905 年　主持修建京张铁路，沿途大部分是高山峻岭，修筑不易，历五年修建完成。

1919 年　病逝。